Birgit Breuel
Perspektiven des Aufbruchs

Birgit Breuel

PERSPEKTIVEN DES AUFBRUCHS

Aus Fehlern lernen

Unter Mitarbeit
von Gerd von Gusinski

ECON-FORUM

1. Auflage 1983

Umschlaggestaltung: Peter J. Kahrl, Etscheid
Gesetzt aus der Times der Linotype GmbH
Satz: Computersatz Bonn GmbH, Bonn
Papier: Papierfabrik Schleipen GmbH, Bad Dürkheim
Druck und Bindearbeiten: Ebner Ulm
Printed in Germany
ISBN 3 430 11544 2

INHALTSVERZEICHNIS

EINLEITUNG

Die Zukunft ist als Raum der Möglichkeiten
der Raum unserer Freiheit.
Karl Jaspers

In den vergangenen Jahren scheint in der Bundesrepublik Deutschland der Raum für zukünftiges Handeln immer mehr eingeengt worden zu sein. Mit großen Hoffnungen ging man in die 70er Jahre. Ein Jahrzehnt der Reformen sollten die 70er Jahre werden. Doch Anfang der 80er Jahre sieht es so aus, als ob die innere Reformfähigkeit der Gesellschaft, die Chancen für zielorientierte, in die Zukunft gerichtete Verhaltensweisen und Aktionen vielfach verschüttet sind. Der Aufbruchstimmung folgten Skepsis, Verzagtheit und mangelnde Zielstrebigkeit. So geben wir uns in der Bundesrepublik, meine ich, zunehmend einem Phantomschmerz hin, spielen den „eingebildeten Kranken“, kapseln uns vor den eigentlichen Problemen unserer Tage ab und schließen die Augen vor den großen Aufgaben der Zukunft.

Nicht zuletzt die politischen Entscheidungsträger haben es am zukunftsorientierten Handeln fehlen lassen. Sie verharrten meist in der Zustandsorientierung, im Krisenmanagement von Gegenwartsproblemen; nicht selten wurde nicht einmal aus den Fehlern der Vergangenheit gelernt – geschweige denn wurden die notwendigen Konsequenzen gezogen. Auf diese Art und Weise ist der Spielraum für zukunftsorientiertes Handeln schon heute eingeengt. Die Hoffnung auf Lösbarkeit der Zukunftsaufgaben ist spürbar gesunken – die Hoffnung auf Lösbarkeit der Beschäftigungsprobleme, der Fragen der Rohstoff- und Energieversorgung, des Umweltschutzes, der Technikakzeptanz oder der Friedenssicherung. Es besteht die Gefahr, daß wir verzagen und uns mit der sogenannten Macht des Faktischen abfinden. Nicht durch „höhere Gewalt", sondern durch unser eigenes Verschulden würde es dann zu einem Abgleiten in die Krise kommen. Die Prophezeiung würde sich selbst erfüllen. Ich meine, wir dürfen die Chancen der Zukunft nicht länger verspielen: *denn morgen ist auch noch ein Tag*. Ob ein Land arm oder reich ist, hängt entscheidend davon ab, ob es bereit ist, seine Zukunft kraftvoll zu gestalten, und dies auch tut.

Wir haben nicht mehr viel Zeit. Es erheben sich warnende Stimmen, die Zweifel an der Reformfähigkeit unserer Gesellschaft anmelden, die eine zunehmende Unbeweglichkeit immer größerer Teile unserer Gesellschaft befürchten. Schon heute ist der Glaube an die Segnungen des Fortschritts der technischen, wirtschaftlichen und gesellschaftlichen Zivilisation erschüttert – insbesondere bei jüngeren Menschen. Die jüngere Generation meint, feststellen zu müssen, daß die Politiker ihre vielen Versprechungen nicht einhalten und daß sie keine befriedigenden Zukunftsperspektiven anbieten.

Eine steigende Zahl von jungen Menschen artikuliert ihre Unzufriedenheit in der offenen politischen Auseinandersetzung. Immer häufiger gehen sie auf die Straße, um insbesondere den Politikern ihre Forderungen zu präsentieren. 1980 wurden in der Bundesrepublik rd. 4 500 Demonstrationen registriert – durchschnittlich zwölf pro Tag. Das sind mehr als dreimal soviel wie zehn Jahre zuvor. Leider verlaufen nicht alle Demonstrationen friedlich, auch die für den Frieden nicht.

Zum anderen haben viele jüngere Menschen einfach keine Lust mehr, in unserer Art von Gesellschaft zu leben und den „Gang durch die Institutionen" zu gehen. Sie steigen aus. Selbst wenn diese Aussteiger eine Minderheit sind, dürfen sie nicht unterschätzt werden. Ihre Zahl ist größer, als allgemein angenommen wird; außerdem ist die Tendenz steigend. Hunderttausende sind dem Alkoholismus oder den Drogen verfallen oder befinden sich in der Randzone der Suchtgefährdung. Ähnlich hoch ist die Zahl derer, die sich von den Jugendsekten angezogen fühlen. Immer jüngere Jahrgänge werden von dieser Entwicklung erfaßt. Diese Aussteiger, die unsere Gesellschaft abgeschrieben haben, können zu einem größeren Problem werden als die Jugendlichen, die sich den Institutionen als politische Kontrahenten bewußt stellen.

Nicht nur Jugendliche, auch Erwachsene identifizieren sich immer weniger mit diesem Staat – ihr Unbehagen wächst. Wenn so die Zustimmung immer breiterer Bevölkerungskreise zu Verfassung und Selbstverständnis dieses Staates zusehends schwächer wird, bekommen radikale Minderheiten ein größeres Gewicht, besonders wenn sie ihre Ziele lautstark verkünden, mediengerecht aufbereiten und gut organisiert arbeiten. Zwar hat es Gegensätze in Gesellschaften und Spannungen zwischen den Generationen schon immer gegeben. Aber in den letzten Jahren scheint sich die Kluft zu verbreitern; die alten Brücken, die sie überspannten, drohen einzustürzen.

Der Mangel an Gemeinsamkeiten in wichtigen Grundauffassungen unseres politischen, wirtschaftlichen und gesellschaftlichen Lebens kann zu erheblichen Spannungen führen, deren Auswirkungen schließlich größer sind als die Summe der einzelnen Streitigkeiten. Es besteht die Gefahr, daß zu viele in unserer Gesellschaft nicht mehr dasselbe Problemverständnis und nicht mehr dieselben Ziele vor Augen haben. Damit büßen wir viel von unserer Kraft ein, gemeinsam voranzuschreiten und die kommenden Herausforderungen mit vereinten Kräften erfolgreich zu bestehen.

Immanuel Kant hat einmal gesagt, daß die Möglichkeiten des Erkennens immer unendlich geringer sind als die Notwendigkeiten des Handelns. Aber dies ist keine Erklärung dafür, daß in der gegenwärtigen Diskussion die Chancen für konsensfähige politische, wirtschaftliche und gesellschaftliche Entwicklungen immer geringer eingeschätzt werden. Insbesondere die politischen Parteien lassen klare Zukunftsperspektiven vermissen. Es scheint sich heute zu wiederholen, was wir aus unserer Geschichte kennen. Deutschlands Weg in die Modernität wurde verspätet eingeleitet, er war lang und beschwerlich. Verwerfungen in den Politik-, Wirtschafts- und Sozialstrukturen erwiesen sich in unserem Land immer wieder als ausgesprochen widerstandsfähig.

In den 70er Jahren sind in der Bundesrepublik besonders im Bereich der Wirtschafts- und Sozialpolitik Weichen falsch gestellt worden. Der Fehlansatz soll in diesem Buch dargestellt werden. Eine Patentlösung wird nicht angeboten. Es werden Wege aufgezeigt, die zu Lösungen der Probleme führen können. Voraussetzung für Erfolge wird allerdings sein, die Mitbürger zu einer verantwortlichen Mitarbeit zu motivieren. Die Überlegungen und Untersuchungen, die in diesem Buch dargelegt sind, wurden im Spätsommer 1982 beendet – vor dem Bonner Regierungswechsel. So sind sie u.a. auch zu einer Bestandsaufnahme und Beurteilung der Politik der 13 Jahre andauernden sozialliberalen Koalition geworden sowie als Leitlinie für zukünftiges wirtschafts- und sozialpolitisches Handeln aus meiner Sicht zu verstehen.

Das hier entwickelte Konzept läßt dem einzelnen genügend Raum für seine individuelle Freiheit, für Eigeninitiative und Selbstentfaltung. Es ebnet aber auch den Weg für gesellschaftliche Grundwerte wie Toleranz, Menschenwürde oder soziale Verantwortung. Den von oben durch den Staat verordneten, nicht die Mitarbeit und Mitverantwortung der Bürger einbeziehenden Verhaltensmustern muß der Kampf angesagt werden. Alexis de Tocqueville hat zu Recht darauf hingewiesen: „Jeder Mensch, wer er auch sei, besitzt den notwendigen Grad an Vernunft, um in den Dingen, die ihn allein angehen, selbständig zu handeln – das ist der große Grundsatz, auf dem die bürgerliche und politische Gesellschaft beruht." Dieser Grundsatz bedarf zwar der sozialen Einbindung, er bedarf des sozialen und humanen Miteinanders. Er benötigt aber keineswegs die soziale Zwangsjacke des Staates, die den Verantwortungsraum der Bürger unnötig einengt. Ich bin der Auffassung, daß der Staat nur die Vorsorgeregelungen treffen soll, die der einzelne nicht leisten kann.

Um die Herausforderungen der Zukunft zu meistern, ist die gemeinsame Anstrengung der breiten Mehrheit der Bevölkerung erforderlich. Nicht abstrakte Denkmodelle, sondern erst das konkrete, im Alltag erlebbare Ringen des einzelnen ermöglicht dieses gemeinsame Vorwärtsstreben. Dabei könnten sich neue Gewohnheiten des Zusammenlebens bilden, die die durch die Modernität gerissenen Lükken wieder schließen würden.

Sowohl die großen als auch die vielen kleinen Versäumnisse der Vergangenheit und Gegenwart werden uns einmal sehr teuer zu stehen kommen. An den Kreuzwegen der Geschichte zu schlafen und in schöner Regelmäßigkeit im politischen, wirtschaftlichen und gesellschaftlichen Alltag zu zögern und zu verzagen – beides ist gleichermaßen gefährlich. In beiden Fällen entsteht mit großer Wahrscheinlichkeit ein beträchtlicher Schaden. Wir dürfen im Interesse unserer Kinder nicht versäumen, genügend Freiheits- und Gestaltungsräume für die nächsten Jahrzehnte zu schaffen. Wer für das Jahr 2000 Wirkung erzielen will, muß heute anfangen zu handeln.

Hamburg, im November 1982 Birgit Breuel

PSYCHOLOGIE DES AUFBRUCHS

Wer die Freiheit zerstört, raubt dem Menschen
die letzte Verantwortung für sein Handeln;
damit zerstört er aber geradezu sein Menschsein.
Wer Tyrannei verhindern will,
muß also die Menschen zur Freiheit im Sinne
der Selbstverantwortung erziehen.
Gerhard Ritter

In den letzten Jahren hat sich in der Bundesrepublik immer mehr eine Stimmung ausgebreitet, die stark von Pessimismus und Resignation geprägt ist. Es werden ernste Zweifel angemeldet, ob wir den Veränderungen, Unsicherheiten und Unwägbarkeiten von morgen mit Zuversicht entgegensehen können. Es wächst die Furcht, daß entscheidende Probleme unlösbar sein könnten: die hohe Arbeitslosigkeit, die Ausuferung der Sozialleistungen und Subventionen, die rasch steigende Staatsverschuldung, die Schäden an der Umwelt, die wachsenden Ausgaben für die Rüstung, die zunehmende Leistungsunwilligkeit oder die offensichtlich gewordene Staatsverdrossenheit.

Dies alles sind unübersehbare Erscheinungen unseres politischen, wirtschaftlichen und gesellschaftlichen Alltags. Vielen fehlen Mut, Elan und Phantasie, um den Herausforderungen der kommenden Jahre die Stirn zu bieten. Die Versuchung ist groß: Alles vor sich her zu schieben – „morgen ist ja auch noch ein Tag“ –, und im Zweifel können es auch die anderen erledigen. *Wir riskieren mit dieser Einstel-*

lung unsere Zukunft. Wir brauchen zur Lösung der schweren Zukunftsprobleme mehr Tatkraft und einen festen Willen.

In diesem Zusammenhang gilt, was der englische Historiker Arnold J. Toynbee einmal gesagt hat: „Gegen eine Versuchung müssen wir uns ganz besonders wappnen: zu glauben, daß wir ohnmächtig seien, daß wir uns – die Hände im Schoß – damit abfinden müßten, in die Katastrophe hineinzutreiben. Denken wir so, dann werden wir der Katastrophe unausweichlich erliegen. Aber wir brauchen das nicht zu tun, die Katastrophe ist nicht unausweichlich. Wir können so handeln, daß es niemals dazu kommt."

Wir müssen die Hoffnung auf Lösbarkeit unserer Probleme wiedergewinnen. Wir brauchen eine Psychologie des Aufbruchs für die Welt von morgen: Werte, die Leitstrahl in unsere Zukunft sein können.

I. FREIHEIT UND SOZIALE VERANTWORTUNG

Vor dem Hintergrund der Herausforderungen der nächsten Jahrzehnte ist es unabdingbar, der jungen Generation überzeugende Werte mit auf den Weg zu geben. Nun gibt es freilich nicht nur eine einzige Wertekonstellation, nicht nur eine Werteordnung, die „alleinseligmachend“ ist. Ein herausragendes Merkmal der Demokratie gegenüber der Diktatur ist es gerade: Alternativen zu besitzen und die Chancen der freien individuellen und sozialen Auswahl einer Alternative nutzen zu können. Dabei darf allerdings nicht vergessen werden, daß die Alternative gesellschaftlich auch konsensfähig sein muß.

Diese Konsensfähigkeit wird sicherlich nicht immer von Anfang an gegeben sein. Je mutiger und zukunftweisender Überlegungen sind, desto mehr müssen sie sich mit perspektivischer Konsensfähigkeit „zufriedengeben“.

Diese Voraussetzungen scheinen z. B. die Werte *„Freiheit und soziale Verantwortung“* sehr gut zu erfüllen. Sie sind gesellschaftlich konsensfähig und von essentieller Bedeutung für die Bewältigung unserer Zukunftsprobleme. Freiheit und soziale Verantwortung haben deshalb in den folgenden Überlegungen höchsten Rang. Dieses Wertepaar bietet dem einzelnen Menschen genügend Spielraum, um sich selbst zu verwirklichen, d. h., um seinen individuellen Weg gehen zu können. Diese Selbstverwirklichung ist allerdings in ein verantwortungsbewußtes, gesellschaftliches Verstehen und Handeln einzubinden.

Die individuelle Freiheit braucht ein ausreichendes Gegengewicht. Freiheit braucht die Einsicht in die sozialen Notwendigkeiten. Das bedeutet keineswegs, daß der Mensch überall – an jedem Ort und zu jeder Zeit – den sogenannten Sachzwängen ausgeliefert ist. Der Spielraum des einzelnen, seine Freiheit intensiv und extensiv zu nutzen, wird aber durch andere Werte begrenzt, so z. B. durch das soziale Miteinander. Kants kategorischer Imperativ zeigt diese Grenze der Verwirklichung der Freiheitsidee konsequent auf: *Jeder habe so zu handeln, daß seine Handlungsweise zur Richtschnur für alle andern werden könne.* Freiheit darf nicht als Ungebundenheit und Willkür verstanden werden, sondern schließt eine sittliche Verpflichtung für andere Werte ein.

In der jüngsten Diskussion wurden beispielsweise die Werte *Wahrheit* und *Gerechtigkeit* auf die gleiche Stufe wie der Wert der Freiheit gestellt. Auch hier wird ein Gegengewicht geschaffen. Die Wertepluralität soll die zügellose Freiheit gegenüber Personen und Sachen unterbinden, sie ist keine Freiheit *von* allen anderen Werten. Individuelle Freiheit ist vielmehr einzuordnen, um auch andere hochrangige Werte verwirklichen zu können. So wird die Frage nach der individuellen Freiheit zur Bejahung anderer Werte und damit zur „Kanalisierung" des eigenen expansiven Freiheitsanspruches.

Durch das Nebeneinander „Freiheit und soziale Verantwortung" wird die individuelle Freiheit zwar begrenzt, aber nicht ausgehöhlt. Sie wird begrenzt, aber dennoch bereichert. Die individuelle Begrenzung und die soziale Bereicherung der Freiheit des einzelnen ist außerdem die beste Voraussetzung, daß die Freiheit des Bürgers nicht durch staatliches Handeln untergraben wird. Individuelle Freiheit, die die soziale Verantwortung des einzelnen einschließt, weist den Staat sogar in die Schranken. Nur dann, wenn die individuelle soziale Verantwortung – wie es in der jüngsten Vergangenheit der Fall gewesen ist – weitgehend ausgeklammert ist, kommt es zur staatlichen Reglementierung der sozialen Werte und damit über kurz oder lang zur wirklichen Einschränkung der Freiheit – zu einer Einschränkung durch „Außenstehende".

Das Gefühl der Zusammengehörigkeit im Guten wie im

Bösen kann nicht durch staatliche Verordnungen gesichert werden. Theodor Plivier schrieb in den 50er Jahren: „Fast alle Ideale und auch die natürlichsten Gefühle sind der menschlichen Brust, sind dem persönlichen Bewußtsein weitgehend entzogen und in eine andere, außerpersönliche Ebene verlagert worden, um naheliegenden – oft auch ferneren – Zwecken dienstbar gemacht zu werden... So sind alle Ideale ausnahmslos zu bloßer Propagandaware geworden..." Das trifft im hohen Maße für den Begriff der (sozialen) Gerechtigkeit zu.

Nicht zuletzt aus diesem Grund ist nicht das Wertepaar „Freiheit und soziale Gerechtigkeit" als richtungweisend angesehen worden; denn hierunter wird auch viel zu leicht staatlich gepredigte und angeordnete Gerechtigkeit verstanden. „Freiheit und soziale Verantwortung" betonen dagegen wesentlich stärker die soziale Verpflichtung des einzelnen Bürgers.

Die Grundordnung der individuellen Freiheit – eng verknüpft mit sozialer Verantwortung – besagt auch, daß ich den Staat nicht nur in die Schranken weise, weil es in meinem persönlichen Interesse ist, sondern weil es außerdem im Interesse meiner Mitmenschen ist, wenn sie selbst in Eigenverantwortung ihre Verhaltensweisen und ihr Handeln bestimmen können. Auch sie sollten nicht durch außerpersönliche staatliche Vorgaben entmündigt werden.

Diese Wertezuordnung unterscheidet sich wesentlich von den traditionellen Wertekonstellationen der Nationalökonomie – beispielsweise von denen keynesianischer Prägung. Bisher standen zu sehr Werte des Habens, des Besitzens – vor allem das maximale quantitative Wirtschaftswachstum – im Vordergrund. Zwar wurde verschiedentlich zunächst einmal eine ethische Einbindung vorgenommen. Bei der Effizienzbetrachtung wirtschaftlichen Handelns wurden dann allerdings Werte des *Habens* wieder wichtiger als Werte des *Seins*. Dieses Wirtschaftsprinzip kann nicht die Grundlage für eine Wirtschafts- und Gesellschaftskonzeption der nächsten Jahrzehnte sein.

Die neue Konzeption braucht die ethisch-soziale Dimension für das konkrete wirtschaftliche Alltagsgeschehen. Die heute im wirtschaftlichen Alltag weitverbreitete „Anbetung materieller Größen“ wird immer in die falsche Richtung führen. Das Wort „Der Mensch lebt nicht vom Brot allein“ birgt auch für unsere Zeit eine tiefe Wahrheit.

Die Abkehr vom quantitativen Wirtschaftswachstum und die Hinwendung zum qualitativen wirtschaftlichen Wachstum, eine ernst zu nehmende Forderung der 70er Jahre, war deshalb auch nur der erste Schritt, dem leider keine weiteren Schritte folgten. Diese Forderung machte noch zu wenig deutlich, daß materieller Besitz nicht als Prägestempel der eigenen Wertschätzung und der Wertschätzung der Mitmenschen dienen darf. Die Werte des Seins sind unabdingbar.

Sie müssen die Eckpfeiler für die Gestaltung menschlicher Beziehungen in den kommenden Jahrzehnten werden. Verinnerlichung der Werte des Seins ist im Interesse

— der Zufriedenheit der Menschen,
— des Antlitzes der Städte,
— des Bildes der Landschaft,
— der Gesundheit von Pflanzen und Tieren.

Dieses ist weit mehr als die Ablehnung von quantitativem Wirtschaftswachstum und die Forderung nach qualitativen wirtschaftlichen Wachstumsvorstellungen. Selbst mehr als die Durchsetzung und Verwirklichung dieser Vorstellungen. Soziale Kennziffern, um die Qualität des Wirtschaftswachstums zu erfassen, sind leicht aufzustellen – sei es zur Ermittlung

— der Arbeitsplatzqualität,
— der Ausstattung der Wohnungen,

- der allgemeinen Verfügbarkeit von Dienstleistungen,
- des CO_2-Gehalts der Luft,
- der Versorgung der Bevölkerung mit Ärzten und Krankenhäusern oder
- der Maßnahmen gegen Suchtgefahren und Kriminalität.

Die Internalisierung, das persönliche „Einbrennen", der Werte des Seins ist erheblich mehr.

Die *grundsätzliche* Anerkennung von Werten des Seins, die *prinzipielle* Bejahung von „Freiheit und sozialer Verantwortung" ist auch weit mehr als Verwirklichung der notwendigen Maßnahmen für eine sinnvolle soziale Sicherung der Bürger durch

- die gesellschaftliche Grundgarantie des Staates,
- individuelle Zusatzgarantien und
- persönliches soziales Miteinander.

Dies gilt insbesondere, wenn die Neuordnung der Sozialpolitik durch finanzielle Engpässe des Staates ausgelöst wird. So waren für die jüngsten politischen Eingriffe in das „soziale Netz" in der Tat materielle Vorstellungen – materielle Sachzwänge – ausschlaggebend. Dies ist keine „Einsicht in die Notwendigkeit", denn diese basiert auf geistigen Werten. Die Orientierung allein an materiellen Vorstellungen kann außerdem dazu führen, daß der alte – geistig an sich nicht befriedigende – Zustand wiederhergestellt wird, wenn die materielle Restriktion nicht mehr vorhanden ist, wenn beispielsweise die Staatsverschuldung wieder abgebaut worden ist. Nur selten läßt sich allerdings genau feststellen, ob eine Neuordnung auf materiellen oder geistigen Überlegungen beruht. Sicherlich existieren auch materielle und geistige „Notwendigkeiten" nebeneinander. Dieses Nebeneinander ist nicht von Übel: Es gibt zweifellos auch berechtigte materielle Ansprüche.

Betonung der grundsätzlichen Einstellung heißt keineswegs, die Bedeutung punktueller konkreter Ansatzpunkte für eine allgemeine Neuorientierung in der Wirtschafts- und Gesellschaftspolitik zu unterschätzen. Sie können wichtig sein, um die wirtschaftlichen, politischen und gesellschaftlichen Herausforderungen in den nächsten Jahrzehnten erfolgreich anzunehmen. Diese konkreten Vorschläge können immerhin kurzfristig die notwendigen Veränderungen einleiten, wenn der konsequente Blick in die Zukunft nicht gescheut wird, wenn die Zukunft bewußt gestaltet werden soll.

Es ist schon einiges wert, wenn die großen Mängel der bisherigen Defensivstrategien vermieden werden. Aber: Wenn konkrete Änderungen wirklich zu dauerhaften Verbesserungen führen sollen, brauchen wir einen allgemeinen gesellschaftlichen Konsens, nicht nur eine Übereinstimmung in Teilbereichen. Wir brauchen den Rückhalt in einer neuen Wertekonstellation. Diesen notwendigen Rückhalt können nur Werte wie „Freiheit und soziale Verantwortung“ geben. Es ist allerdings viel leichter, konkrete Maßnahmen auf dem Weg in die kommenden Jahrzehnte einzuleiten, als eine neue Werteordnung für die Welt von morgen zu verinnerlichen. Die *konkrete* Neuorientierung in Teilbereichen kann schon morgen erreicht werden, die *grundsätzliche* Neuorientierung braucht aber noch ihre Zeit.

Mehr Eigeninitiative, mehr Eigenverantwortung, mehr Eigenhilfe in Teilbereichen in konkret erlebbaren Situationen – beispielsweise beim Umweltschutz oder im sozialen Miteinander – lassen sich bereits kurzfristig verwirklichen. Zumal in Einzelbereichen die Beteiligung des Bürgers schon heute deutlich Auftrieb erhalten hat.

Dies heißt indes noch nicht, daß der grundsätzliche gesellschaftliche Konsens für mehr Eigeninitiative, mehr Eigenverantwortung und mehr Eigenhilfe, also letztlich für eine Höherbewertung von „Freiheit und sozialer Verantwortung“, schon vorhanden sein muß. Hierzu bedarf es zunächst einiger – teilweise allerdings auch prinzipieller – „Nebenbedingungen", um die noch perspektivisch angelegte neue Werteordnung fest zu verankern. Das heißt u. a.: *Die Politiker müssen den selbständig entscheidenden und handelnden Bürger wieder mehr in den Mittelpunkt ihres Handelns stellen.* Der gegenwärtigen Entmündigung des Bürgers muß Einhalt geboten werden. Wenn die Bürger aus ihrer Selbstblockade befreit werden sollen, dann genügt es jedoch nicht, die immer größer gewordenen Ansprüche des Staates zurückzudrehen. Zusätzlich müssen Großsysteme reduziert werden. *Soziales Miteinander ist in Großsystemen kaum möglich.*

Fehlentwicklungen beispielsweise im Gesundheitswesen sind zum größten Teil auf das nicht mehr zu über- und zu durchschauende Großsystem zurückzuführen. Großsysteme nehmen auch zu wenig Rücksicht auf Minderheiten. Das Problem der politischen und gesellschaftlichen Ignoranz und Arroganz gegenüber Minderheiten muß gelöst werden, wenn unser gesellschaftliches System nicht weiter verrohen soll. Daß diese Verrohung zugenommen hat, läßt sich nicht leugnen. Wie ist es sonst zu erklären, daß in der EG Nahrungsmittel tonnenweise „denaturiert" werden, in der Dritten Welt Millionen Menschen hungern und verhungern, der Protest der Europäer aber immer leiser wird. Wie ist es sonst zu verstehen, daß Tausende von Menschen auf dem Südchinesischen Meer umkommen, die Ministerpräsidenten der Bundesländer aber mehrheitlich Anfang Dezember 1981 beschließen, künftig keine Flüchtlinge mehr aus Vietnam aufzunehmen und dadurch Rettungsaktionen durch das deutsche Schiff „Cap Anamur", das in den letzten zwei Jahren ca. 9 000 Menschen aus dem Meer rettete, unterbinden.

Wir weisen so gern auf die materielle Überlegenheit unserer marktwirtschaftlich orientierten Volkswirtschaft gegenüber den zentralverwalteten Planwirtschaften hin. Dies allein genügt aber nicht, wenn unsere Wirtschaftsordnung auf Dauer überleben soll. Notwendiger als die materielle ist die geistige „Überlegenheit". Leere Regale in den Kaufhäusern des Ostens deuten auf materielle Schwierigkeiten hin. Massenvernichtung von Nahrungsmitteln in der EG kann zur geistigen „Verwundbarkeit" führen. Darüber darf auch das nach wie vor hohe Maß privater Hilfen, z. B. nach Polen oder in die Dritte Welt, nicht hinwegtäuschen. Es hilft auch nicht weiter, unsere geistigen und moralischen Fehler angesichts der Verfehlungen des Ostens zu verharmlosen.

Ohne eine radikale Abkehr von den materiellen Unwerten und ohne Besinnung auf geistige Werte werden wir uns den großen wirtschaftlichen und gesellschaftlichen Problemen der nächsten Jahrzehnte hilflos ausliefern. Insbesondere werden wir unsere Jugend „ans Messer liefern". Die junge Generation muß den Wert von Freiheit, Toleranz, Verantwortung, Gerechtigkeit und Menschenwürde neu erfahren. Ihr muß aber auch gesagt werden, daß uns diese Werte nicht in den Schoß fallen, sondern immer wieder neu *errungen* werden müssen.

Dieses Ringen und Erringen kann uns der Staat nicht abnehmen. Staatliche Bevormundung führt in die falsche Richtung. Sie kann dazu führen, daß der einzelne im geistigen Bereich nicht zum aufrechten Gang findet.

Dies gilt es zu bedenken. Hier liegt der erste grundsätzliche Ansatzpunkt, um „Freiheit und sozialer Verantwortung" zum Durchbruch zu verhelfen.

II. STAAT: KEIN SANFTES RUHEKISSEN

Es geht nicht darum, staatliche Befugnisse und staatliches Handeln auf Null zurückzudrehen. Wo staatliche Aktivitäten zu Recht bestehen, beispielsweise bei der Wahrnehmung hoheitlicher Funktionen, soll keine sachliche Beschneidung stattfinden. Allerdings muß auch in diesen Bereichen geprüft werden, ob sich nicht Entwicklungen verselbständigt haben und dadurch ausufern. Auswüchse gilt es überall zu verhindern.

Zuviel Staat wird immer bedeuten: Verzicht auf Alternativen für den einzelnen. So führt gerade in einer Demokratie ein Zuviel an Staat zur Amputation ihres Wesens – zur Beschneidung des ursprünglich als unabdingbar angesehenen Entscheidungsspielraums der Masse ihrer Bürger. Einengung der Alternativen bleibt nicht die einzige negative Auswirkung. Fast zwangsläufig führt mehr Staat zu einer steigenden Flut von Gesetzen, Verordnungen und Erlassen – zu einer unübersehbar werdenden Bürokratisierung.

Insbesondere der „kleine Mann auf der Straße" ist der staatlichen Bürokratie unterlegen und resigniert. Diese Resignation erstreckt sich nicht nur auf den Umgang mit den staatlichen Organen. Sie weitet sich über kurz oder lang aus und läßt Eigeninitiative und Eigenverantwortung als Ganzes in weiten Teilen der Bevölkerung verkümmern. Das folgende Beispiel soll dies veranschaulichen:

In den USA scheint eine neue Elite heranzuwachsen. Es sind Asiaten. Fast zehn Prozent der Oberschulabgänger, die 1981 zum Studium an der berühmten Harvard Universität zugelassen wurden, stammen aus asiatischen Ländern oder sind Nachkommen asiatischer Einwanderer. Ausgerechnet in Harvard – an keiner amerikanischen Universität ist es so schwierig, die Zulassung zu erhalten. Der Anteil asiatischer Einwanderer und deren Nachkommen an der gesamten amerikanischen Bevölkerung liegt nur bei 1,5 Prozent. Harvard ist keine Ausnahme; an den amerikanischen Hochschulen insgesamt ist der Anteil der Asiaten weitaus höher als ihr Anteil an der Bevölkerung. Und das alles trotz anfänglicher Sprachschwierigkeiten.

Der kalifornische Soziologieprofessor William Peterson meint, für diesen Erfolg gebe es eine Parallele: den Aufstieg von Kindern jüdischer Einwanderer. Entscheidend für die beiden Entwicklungen waren nicht staatliche Förderprogramme oder finanzielle Zuschüsse, sondern der eigene Fleiß und die eigene Lernbegierde.

Sicherlich gibt es für dieses Phänomen eine ganze Reihe von Erklärungen. Es soll keine unangemessene Vereinfachung betrieben werden. Aber auch dann läßt sich noch sagen: Ein entscheidender Grund scheint zu sein, daß die jungen Asiaten meinen, sie schaffen es allein. Teilweise lehnen sie sogar staatliche Fördermaßnahmen ab. Sie vertrauen im hohen Maße der eigenen Leistung; Eigeninitiative und Eigenverantwortung sind bei ihnen noch nicht untergraben. Andere Faktoren scheinen von eher untergeordneter Bedeutung zu sein. Die Armut drückt auch andere in Amerika schwer, beispielsweise schwarze Schüler. Ist deren Selbstverständnis durch staatliche Hilfestellungen für ihre Familien möglicherweise „ausgetrocknet“ worden? Cecil Moore, ein militanter Negerführer in den USA, bezeichnete die Fürsorge einmal als das Schlimmste, was dem Neger hätte widerfahren können.

Es ist allerdings nicht haltbar, aus diesem Beispiel ableiten zu wollen, jedes staatliche Förderprogramm und jeder finanzielle Zuschuß wäre von Übel. Das sicherlich nicht. Aber: *Staatliche Hilfen sollten grundsätzlich auf der Grundlage der Hilfe zur Selbsthilfe gewährt werden*, sonst schwächen sie den Leistungswillen – unter Umständen sogar die Leistungsfähigkeit – des einzelnen.

Insbesondere unserer jungen Generation sind wir verpflichtet, sie auf die sicherlich nicht leichten Zukunftsaufgaben vorzubereiten. Ein energie- und rohstoffarmes Hochlohnland wie die Bundesrepublik muß alles tun, um die Leistungsfähigen in diesem Lande zu motivieren, das ganze Spektrum ihrer Fähigkeiten zu entfalten. Andernfalls büßt u. a. die deutsche Wirtschaft ihre Wettbewerbsfähigkeit auf den nationalen und internationalen Märkten ein.

Die Forderung, unsere Wettbewerbsfähigkeit zu erhalten oder zu verbessern, darf allerdings nicht einer materiellen Überbewertung von Leistung und Genuß das Wort reden oder zu einem technologischen Wettrennen führen, bei dem letztlich die Menschlichkeit auf der Strecke bleibt.

Entfaltung der Leistungsfähigkeit ist nicht nur als eine technisch-wirtschaftliche Kategorie anzusehen, sondern auch als menschlich-soziale Forderung zu bewerten. Unter dieser Bedingung bleibt die Konkurrenzfähigkeit deutscher Unternehmen eine sinnvolle Zielsetzung.

Sind wir nicht mehr wettbewerbsfähig, stehen u. a. der bisher erreichte Wohlstand, aber auch die zukünftige soziale Sicherung der Bürger und die dringend erforderlichen Maßnahmen im Rahmen der Entwicklungshilfe auf dem Spiel. Materielle Werte, die – wenn sie richtig verstanden werden – ein geistiges Umfeld besitzen. Das notwendige Maß an Entwicklungshilfe und das soziale Netz können viel leichter aufrechterhalten werden, wenn die Wirtschaft der Bundesrepublik durch den Willen aller, Leistung zu erbringen, konkurrenzfähig bleibt. *Der Staat darf Leistung nicht länger bestrafen und Nichtleistung belohnen.* Dies führt nicht nur zur Leistungsunwilligkeit oder zur Leistungsverweigerung, sondern auch zur „Unterforderung“. Wenn Eltern ihren zweijährigen Sprößlingen z. B. beim Essen helfen wollen, erleben sie es häufig, daß die Kleinen dies ablehnen und es allein tun wollen. Eltern akzeptieren dies in der Regel. Der Staat scheint bei weitem nicht so einsichtig zu sein.

Dieses „weniger Staat“ fällt sicherlich nicht leicht. Aber wenn der bisherige Weg als falsch erkannt wird, haben wir keine andere Wahl.

Es gibt gegenwärtig genügend Anzeichen, daß in der Bundesrepublik in vielem der Bogen überspannt wird. Dabei ist dem Bürger zunächst kein Vorwurf zu machen, wenn er alle möglichen staatlichen Leistungen in Anspruch nimmt, beispielsweise im öffentlichen Gesundheitswesen. Das ist im wahrsten Sinne des Wortes sein Recht, wenn auch nicht sein „gutes“ Recht. Die politischen Entscheidungsträger sind aufgerufen, zielgerichtet zu handeln. Auch in ihrer Macht liegt es, die Zukunft unserer Jugend nicht zu verbauen.

Das Zurückdrängen staatlicher Aktivitäten auf das notwendige Maß ist – wie uns die Erfahrung lehrt – eine unabdingbare Voraussetzung, damit Eigeninitiative, Eigenverantwortung und Eigenhilfe voll zur Geltung kommen. Ohne dieses Mehr an Einsatzwillen der eigenen Person wird der berechtigte Wunsch nach neuen Wertekombinationen wie „Freiheit und soziale Verantwortung“ unerfüllt bleiben.

Abkehr von vordergründigen materiellen Vorstellungen der Vergangenheit und Hinwendung zu neuen geistigen Qualitäten setzt die tägliche Erlebbarkeit dieser Werte voraus. Akzeptierung und Verinnerlichung von Freiheit und sozialer Verantwortung setzen deren sinnlich-konkrete Wahrnehmung im Alltagsleben voraus.

Anonymität durch das heute übliche Agieren in Großsystemen ist für die Erlebbarkeit geistiger Werte fast ausnahmslos „tödlich“. „Groß“ bedeutet, daß der einzelne den jeweiligen Bereich nicht mehr überschaut und damit auch nicht mehr durchschaut. Dies heißt allerdings nicht: Großgruppen und Großsysteme müssen „atomisiert“ werden. Es gilt vielmehr, in den Großeinheiten überschaubare soziale „Erlebniszonen“ zu schaffen. Eine zu starke Zerlegung kann im Extremfall dazu führen, daß die notwendige soziale Einbindung verlorengeht. Darum sind Großgruppen und Großsysteme nicht unbedacht zu zerlegen, sondern zu kleineren humanen Zonen „aufzulockern“.

III. ERLEBBARKEIT GEISTIGER WERTE

Die Menschen in unserem Lande spüren den Mangel an Erlebbarkeit der geistigen Werte und des sozialen Miteinanders. Dies zeigt sich auf vielfältige Art und Weise.

Das Institut der Deutschen Wirtschaft (IW) hat festgestellt, daß in der Bundesrepublik die Fehlzeiten der Arbeitnehmer in Großbetrieben (über 5 000 Beschäftigte) doppelt so hoch sind wie in Kleinbetrieben (unter 200 Beschäftigte). Als Fehlzeiten wurden gezählt: Ausfälle wegen Krankheit, Kur, Mutterschaft, Unfall, Sonderurlaub (entschuldigtes Fehlen und unentschuldigtes Fehlen). Nach Aussage der an dieser Untersuchung beteiligten Wissenschaftler wird das Fernbleiben in Großbetrieben von mehreren Faktoren „begünstigt":

— Die Anonymität der Großbetriebe macht zwar nicht das Fehlen leichter, senkt aber die „Hemmschwelle".
— Der persönliche Kontakt mit den unmittelbaren Vorgesetzten schwindet in Großunternehmen. Die Unternehmensleitung wird als anonymes Gebilde empfunden. Die Arbeitnehmer schätzen Entscheidungen *grundsätzlich* anders ein als die Spitze: Das Management plant und urteilt nach ökonomischen Gesetzen, der einzelne Arbeitnehmer nach den Auswirkungen am Arbeitsplatz.
— Die Kontaktmöglichkeiten in kleinen Betrieben sind auch zu den Arbeitskollegen „besser" und vielschichtiger. Fehlt ein Mitarbeiter im Betrieb, weiß er, welcher Kollege seine Arbeit mitmachen muß, diesen will er nicht zusätzlich belasten. In Großbetrieben mit Springern wird diese zusätzliche Belastung nicht in dem Maße gesehen. (Den Springern fehlt übrigens im besonderen Maße der soziale Kontakt im Betrieb.)

Seit der von Elton Mayo Ende der 20er und Anfang der 30er Jahre durchgeführten Hawthorne-Untersuchung in

Chicago belegen Studien immer wieder, welch wichtige Rolle die soziale Organisation am Arbeitsplatz für die Befriedigung spielt, die dem einzelnen aus seiner Arbeit erwächst. Großbetriebe können ihre „Nachteile“ abbauen, aber ihre „Vorteile“ nützen, wenn sie kleinere humane Arbeitsgruppen bilden. Dann kann sich auch in Großbetrieben ein Zusammengehörigkeitsgefühl oder Vertrauensverhältnis entwickeln. Hier haben die Japaner bereits einiges erreicht.

Diese Erkenntnisse sind auch im Zusammenhang mit „zentralen Schreibzimmern“ gemacht worden. (Hohe Fehlzeiten traten hier aber auch aufgrund von zu großer Monotonie auf.) Der relativ hohe Krankheitsstand von Schreibkräften, die im zentralen Schreibdienst tätig sind, veranlaßte nicht wenige Unternehmen und Behörden, ihre großen Schreibbüros wieder aufzulösen. Einbeziehung in überschaubare betriebliche Einheiten, Auflockerung von Arbeitsrhythmus und Arbeitshandhabung haben die Fehlzeiten gesenkt.

Es wäre falsch, derartige Maßnahmen nur unter ökonomischen Gesichtspunkten zu beurteilen. Sie sind auch im Interesse des einzelnen Arbeitnehmers. Immerhin verbringt er einen großen Teil seines Lebens an seinem Arbeitsplatz. Nicht wenige Soziologen meinen, daß Anspruchshorizont, sozialer Status, Verbrauchsgewohnheiten u. v. m. entscheidend von der beruflichen Erlebniswelt geformt werden. So schreiben D. C. Miller und W. H. Form: „Die soziale Welt des Erwachsenen ist in erster Linie durch seine Arbeitstätigkeit geprägt.“ Wenn also die Arbeitsfreude gesteigert werden kann, beeinflußt das sicherlich auch sein Verhalten nach Feierabend positiv: in der Familie oder im Bekanntenkreis.

Diese Beispiele dürfen allerdings nicht zu der Behauptung verleiten, daß materieller Anspruch des Unternehmens (hohe Effektivität) und immaterielle Ansprüche des

Arbeitnehmers stets im Einklang stehen. Es kann auch kontroverse Trends geben.

Überschaubare soziale Einheiten zu bilden wäre auch in anderen Bereichen sinnvoll.

— Die Gewerkschaften haben in den Augen ihrer Mitglieder zweifellos viel für sie getan. Trotzdem scheinen auch die Gewerkschaften in eine „Krise" geraten zu sein. Peter F. Drucker meint dazu: „Es handelt sich um eine erfolgsbedingte Krise. Die Gewerkschaften haben ihr Ziel erreicht – und wann immer dies geschieht, neigen Institutionen dazu, reaktionärer zu werden und zu degenerieren."

  Mögen die Gewerkschaften vielleicht auch noch nicht alle ihrer traditionellen Ziele erreicht haben, so doch die große Mehrzahl. Dennoch haben sie neue, zeitgemäße Zielvorstellungen bisher kaum entwickelt. So fand eine Entfremdung zwischen Mitgliedern und Funktionären statt. Die Anonymität und Starrheit der Organisation läßt den Mitgliedern in ihrer Gesamtheit nur wenig Spielraum, ihre Vorstellungen zu artikulieren.

  Die Institution des Betriebsrats bietet den Gewerkschaftsmitgliedern viele Möglichkeiten eines besseren Kontaktes untereinander und mit Vertretern ihrer Organisation. Selbst wenn Gewerkschaftsmitglieder bei Betriebsratswahlen ihrer Spitze die Gefolgschaft verweigern, kann dies durchaus positive Auswirkungen haben – für Mitglieder und Gewerkschaftsorganisation. Die Auflockerung starrer Fronten bringt den Großverbänden oft neue Impulse.

— Anonymität ist auch das Kennzeichen der Wohnsilos unserer Tage. Die massiven Forderungen nach menschenfreundlicher Sanierung alter Stadtteile sollten als ein Schritt in die richtige Richtung angesehen werden.

— Die Flucht von jüngeren Menschen (nicht nur Jugendlichen) in Sekten ist ebenfalls in erheblichem Umfang als Entscheidung für mehr Erlebbarkeit ihres Alltagslebens einzustufen. Die Erfahrung zeigt, daß wir gerade für junge Menschen überschaubare Bereiche schaffen müssen, in denen jüngere Menschen eigene Initiative und Verantwortung konkret erleben können.

— Für das – zumindest teilweise – Mißlingen der Bildungsreform ist u. a. auch der „triebhafte“ Hang zur Großorganisation ursächlich. Werte wie „Zuwendung“ und „Wärme“ sind dadurch zu kurz gekommen. Nicht, daß hier Lehrer und Ausbilder weniger engagiert oder menschlich sind, aber Anonymität, Isoliertheit und bürokratische Reglementierung läßt in Großsystemen Werte wie Menschlichkeit, Toleranz und Zuneigung kaum zur Entfaltung kommen.

— Die Schaffung überschaubarer sozialer Einheiten muß im politischen Bereich zu einer Stärkung der Gemeinden führen. Es könnte sich im Laufe der Zeit gerade im kommunalen Bereich ein Schwerpunkt sozialer Verantwortung des Bürgers, aber auch des Politikers herausbilden. (Manche Gemeindereform der letzten Jahre hat durch Überbetonung von technokratischen Machbarkeitsüberlegungen die soziale Komponente zu stark vernachlässigt.) Politisches Planen, Entscheiden, Handeln und Gestalten braucht den offenen Dialog mit den Bürgern. Dies darf allerdings nicht zu einer Anbiederung führen. Offene und versteckte Anbiederung geschieht heute über vordergründige materielle Kompromisse viel zu oft. Die heute übliche Art des gemeinsamen Nenners ist „Bewilligungs- und Gefälligkeitsdemokratie“ und auf gar keinen Fall Grundlage einer zukunftsorientierten „Konsensdemokratie“, die auf geistigen, kulturellen und moralischen Werten beruht.

Die größere Erlebbarkeit des Alltags durch Auflockerung von Großsystemen und Großgruppen sowie die Stärkung von Eigeninitiative, Eigenverantwortung und Eigenhilfe durch das Zurückdrängen staatlicher Aktivitäten sind wichtige Voraussetzungen, um „Freiheit und soziale Verantwortung" auf Dauer zu verinnerlichen.

IV. MATERIELLE UND GEISTIGE ANSPRÜCHE

In der Nachkriegszeit haben sich viele materielle Ansprüche in der Bundesrepublik verwirklichen lassen. Die Nettolöhne und -gehälter – also die Einkommen nach Abzug der Lohnsteuer und Sozialversicherungsbeiträge – erhöhten sich von 1950 bis 1980 um rd. 730 Prozent; selbst nach Berücksichtigung der Kaufkraftminderung durch Preissteigerungen lag die Zunahme noch bei ca. 230 Prozent. Gleichzeitig sank die Wochenarbeitszeit rapide, und die Zahl der Urlaubstage erhöhte sich deutlich. Auf 1 000 Haushalte kamen 1950 620 Wohnungen, 1980 waren es über 1 000. (Manche Haushalte besitzen eine Zweitwohnung.) Hinzu kommt, daß die Zahl der Räume je Wohnung gestiegen ist und die Ausstattung verbessert wurde. Entfielen 1950 auf 1 000 Haushalte erst 35 Pkw, so waren es 1980 935. 1950 kamen im Durchschnitt in der Bundesrepublik auf 100 000 Einwohner rd. 130 Ärzte, 1980 über 220. In anderen Bereichen verlief die Entwicklung ähnlich.

Dies zeigt, wie dynamisch der wirtschaftliche Aufschwung in der Bundesrepublik seit dem Zweiten Weltkrieg gewesen ist. Dabei wurde ein immer größerer Teil der materiellen Ansprüche des Bürgers nicht direkt durch die eigene Einkommenserzielung erfüllt, sondern auf indirektem Wege über staatliche Leistungen, für die die Bürger in ihrer Gesamtheit zunächst einmal belastet wurden. (Die Gründe für die vermehrten wirtschaftlichen und wirtschaftspolitischen Eingriffe des Staates werden später an verschiedenen Stellen untersucht.) Das Ergebnis mannigfaltiger staatlicher Umverteilungsstrategien war eine Maßlosigkeit in bezug auf materielle Ansprüche, aber teilweise auch in bezug auf geistige Ansprüche. In den 50er und 60er Jahren drehte sich noch fast alles um materielle Bedürfnisse und Vorstellungen. Geistige Ansprüche wurden dann

Ende der 60er Jahre stärker in die öffentliche politische Diskussion gebracht.

Allerdings konzentrierte man sich auch im geistigen Bereich auf Werte des Habens, des Besitzens. So wurden immer mehr individuelle geistige „Bedürfnisse“ angemeldet und politisch „verwertet“. Dies gab unserer alten Anspruchsgesellschaft neuen Auftrieb. Wie bei der materiellen Hilfestellung sollte auch bei den geistigen Ansprüchen der Staat eingespannt werden. Der „Mißbrauch“ von geistigen Ansprüchen des einzelnen war nur noch eine Frage der Zeit. Anspruchserwartungen und deren Verwirklichung führen in unserer Zeit dazu, daß Eltern ihre Kinder und Kinder ihre Eltern mit egoistischen geistigen Werten des Besitzens unterdrücken. Wir werden auch im geistigen Bereich immer mehr zu einer „Ellenbogengesellschaft“. Untersuchungen des Instituts für Demoskopie Allensbach haben ergeben: Eltern meinen immer mehr, man müsse sein Kind dazu erziehen, sich besser durchzusetzen. Es gilt als „guter Vorsatz“: „Ich nehme mir vor, ich will nicht so nachgiebig sein.“

So ehrenwert die politische Berücksichtigung von geistigen Bedürfnissen auch gewesen sein mag; die große Zahl der Politiker macht viel zuwenig deutlich, daß die Basis geistiger Werte nicht der Egoismus des einzelnen sein darf, sondern vielmehr die soziale Einbindung. Diese soziale Einbindung geistiger Ansprüche kann der Staat nicht übernehmen, sie muß vom Bürger selbst voll akzeptiert und erreicht werden. Individueller geistiger Egoismus führt heute beispielsweise dazu, daß die älteren Mitbürger immer weniger im Kreise ihrer Familien in Würde ihren Lebensabend verbringen können, sondern Außenstehenden überlassen werden und von diesen versorgt werden.

Eine Renaissance geistiger Werte kann in unserer Gesellschaft nur erreicht werden, wenn der einzelne bereit ist, für seine Handlungen voll einzustehen. Dies führt dann fast selbstverständlich zu sozialer Rücksichtnahme gegenüber anderen. Nur so können überindividuelle Konsensvorstellungen entstehen. Nur so werden aus individuellen geistigen Ansprüchen Werte des Seins und nicht Werte des Besitzes. Diese Werte des Seins sind u. a.:

Freiheit,
Verantwortung,
Gerechtigkeit,
Nächstenliebe,
Toleranz,
Menschenwürde.

Es soll an dieser Stelle keine lückenlose Aneinanderreihung geistiger Werte vorgenommen werden. Viel wichtiger ist die volle Bejahung: *Individuelle geistige Werte benötigen eine soziale Einbindung.*

Leider wurden in den vergangenen Jahren selbst bei geistigen Werten – wie Gleichheit und Solidarität – zu sehr die subjektiven Rechte betont. Auch ist zu sehr auf staatliche „Zuständigkeiten" gepocht worden. Friedrich Nietzsche hat einmal gesagt: „Gerechtigkeit ist die Liebe mit sehenden Augen." Genauso braucht die individuelle Freiheit die sehenden Augen der sozialen Verantwortung.

Unser Handeln muß stärker an diesen geistigen Werten ausgerichtet werden. Dann können wir auch hoffen, daß unsere Jugend die Werte des Seins konkret erfahren wird. Zugleich muß ihr aber auch nachdrücklich gesagt werden, daß ihr diese Werte nicht in den Schoß fallen, sondern immer wieder durch das soziale Handeln des einzelnen neu errungen werden müssen. Damit sei nicht bestritten, daß jeder einzelne das Recht hat, nach dem Angenehmen, Erwünschten zu streben, und das Recht hat, Unangenehmes, Unerwünschtes, Schmerzhaftes zu vermeiden. Dieses Streben nach Glück ist verständlich und zulässig. Für eine Gesellschaft reicht die reine Glücksorientierung aber nicht aus. Die „glücksorientierte" Gesellschaft – insbesondere wenn sie einem oberflächlichen Glücksstreben erlegen ist – läßt zu vieles einfach laufen, weil es bequem ist. Werte wie Mitmenschlichkeit, Menschenwürde oder soziales Miteinander ergeben sich aber nicht von selbst. Eine Glücksorientierung klammert zu leicht die notwendigen moralischen Aktionen und Reaktionen aus, zumindest wenn sie schmerzhaft sind. Erforderlich ist ein ständiges Bemühen: zu erkennen, zu begreifen und Konsequenzen zu ziehen. Die Suche nach der „Wahrheit" bedeutet: Auf-dem-Wege-Sein und Ringen um die Wahrheit. Aber sie bedeutet nicht Besitz der Wahrheit.

Die Wahrheit muß offen sein – ungeachtet ihrer Komplexität. Sie muß offen sein, um die Irrtümer der Vergangenheit wirklich vermeiden zu können. Die Wahrheit ernst nehmen, heißt Kritikinstanzen zulassen, die mich kritisieren. Wir müssen das Bewußtsein der Irrtumsmöglichkeit viel lebendiger halten. Dies wäre auch ein guter Schutz gegenüber jeglicher Wahrheitspropaganda. Ohne eine konsequente „Wahrheitsorientierung" kann eine Gesellschaft auf Dauer nicht gedeihen. Glücksorientierung braucht das geistige Umfeld der Wahrheitsorientierung. Hiervon sind wir heute noch weit entfernt. Wir bieten unserer Jugend ein verkürztes Modell von Glück an – den materiellen Wohlstand, der zudem zu einer Theorie der staatlichen Beglückbarkeit des Menschen geworden ist.

Unsere Politik und unser Leben müssen wieder die Fähigkeit zurückgewinnen, voranzuschreiten. Ohne „Wahrheitsorientierung" ist dies aber nicht möglich. Andernfalls werden wir uns auch nicht einigen, wohin wir gehen wollen. Erst Werte wie Freiheit und soziale Verantwortung geben uns eine Vorstellung, wie wir im Jahr 2000 leben wollen. Erst durch solche Werte wird der zukunftsorientierte, geistige, kulturelle und moralische Konsens geschaffen. Erst dann kann dem konkreten politischen Handeln auch die notwendige Konsequenz verliehen werden.

DAS ERBE DER LETZTEN ZWANZIG JAHRE UND WIE WIR DAMIT FERTIG WERDEN KÖNNEN

Die Wirklichkeit ist bitter und schmerzlich. Aber sie ist nur ein schwaches Abbild der verzweifelten Lage, in die uns eine auf Illusionen gegründete Politik mit Sicherheit führt.
Robert F. Kennedy

I. DAS HAPPY-END BLIEB AUS

Als zu Beginn der 60er Jahre in der Bundesrepublik die Vollbeschäftigung erreicht wurde, glaubte wohl auch der letzte Zweifler an das deutsche Wirtschaftswunder. Ständig steigender materieller Wohlstand wurde in den 60er Jahren als selbstverständlich, aber auch als allgemein verfügbar angesehen. Jeder meinte, vom volkswirtschaftlichen Kuchen ein immer größeres Stück bekommen zu können. Ende der 60er Jahre sollte dem wirtschaftlichen Höhenflug der „geistige Aufschwung" folgen. Die 70er Jahre sollten das Jahrzehnt der Reformen werden – jedenfalls nach Ansicht vieler Politiker. Den Bürgern wurde verkündet, daß sich materielle und geistige Ansprüche gemeinsam in einem ungeahnten Ausmaß befriedigen ließen.

Doch Mitte der 70er Jahre verabschiedete sich das deutsche Wirtschaftswunder, und viele der großen Reformvorhaben erwiesen sich als gar nicht so großartig oder verliefen im Sande. Was schließlich übrigblieb, war oft erschrekkend wenig und vielfach anders, als man es sich zunächst vorgestellt hatte. Die angekündigten Jahrhundertwerke blieben aus. Das Wort „Reform" ist politisch leichtfertig vermarktet worden.

Es entstand eine Reforminflation. Doch nicht jede Veränderung ist gleich eine Reform. So wurde zwar einiges verändert, aber kaum etwas reformiert. Zwangsläufig mußten sich Desillusionierung und Enttäuschung einstellen.

1. Am Anfang materielle Nöte – heute geistige Bedrängnis

Während es in den letzten Jahrzehnten in der Wissenschaft und Technik zu umwälzenden Entwicklungen gekommen ist, sind im gesellschaftlichen Bereich „Bremsspuren" vielfältiger Art zu erkennen. Die Gesellschaft der Bundesrepublik ist in weiten Teilen verkrustet, teilweise sogar versteinert. Viele der großen Probleme sind trotz Reformeuphorie einfach unter den Teppich gekehrt worden – in der Hoffnung, daß sie dort von niemandem wieder hervorgeholt werden. Zumindest aber so lange begraben bleiben, wie der „Unter-den-Teppich-Kehrer" die Verantwortung trägt.

Außerdem sind die Menschen der Gefahr erlegen, möglichst vieles zu organisieren, zu reglementieren und zu verrechtlichen. Parlamente, Kirchen, Gewerkschaften, Arbeitgeberverbände und andere Institutionen bieten hierfür eine unerschöpfliche Zahl an Beispielen. So erstarrt im Alltag vieles zu formalisierter Routine. Je mehr formalisierte Routine als Grundlage für schwierige Entscheidungen dient, desto mehr sinkt die Hoffnung auf Lösbarkeit existentieller Probleme, die sich nicht nur an den Augenblick klammert, sondern perspektivische Hoffnung bedeutet. Es breitet sich eine Atmosphäre von Vergeblichkeitsbewußtsein aus: Die Zukunft wird nicht mehr gestaltet, sondern unbefriedigende Zustände werden – möglichst keimfrei nach außen hin – konserviert. Für selbstverantwortliches Handeln gibt es zu wenig Rückenwind. Kein tragfähiges Fundament zur Beantwortung der Frage nach der Sinngebung menschlichen Handelns.

Unsere Wohlstandsgesellschaft tauschte in der Nachkriegszeit materielle Nöte gegen geistige Bedrängnisse ein. Manch einer fragt sich: Wird unsere Gesellschaft zugrunde gehen, weil immer mehr Menschen an der Gesellschaft zugrunde gehen? Nicht wenige Bürger spüren eine existentielle Frustration, wie es Viktor Frank einmal nannte. Vielleicht leben die Menschen aufgrund dieser Verzweiflung falsch. Vielleicht ergeben sie sich auch aus diesem Grunde einem vordergründigen Genießen. Die Folge ist, unsere Wohlstandswelt nimmt die eigentlichen Probleme in unserem Lande und die großen Schwierigkeiten in weiten Teilen der übrigen Welt viel zuwenig wahr.

Andere Bürger setzen sich ins (individuelle) Abseits ab, in Form von „Selbstausgrenzung“ und „Selbstausschließung“.

— Die wohl am meisten verbreitete Form des Absetzens ist Resignation und Apathie. Es ist ein Handtuchwerfen vor der Erstarrtheit des interessen- und gefälligkeitsdemokratischen Geschehens in der Bundesrepublik.
— Selbstausgrenzung und Selbstausschließung münden verschiedentlich auch im „Alternativleben“ – sei es in Wohngemeinschaften, auf dem Bio-Bauernhof oder sei es in anderen alternativen Lebenszonen. Allerdings besteht selbst bei den alternativen Bewegungen die Gefahr, daß man beim Aussteigen hängenbleibt und die schöpferischen Elemente über kurz oder lang verschüttet werden. Es wird dann kein neuer Sinn erfahren, sondern es bleibt eine Leere, ein Vakuum zurück. So zieht man sich irgendwann noch weiter zurück: Ein Rückzug, der in Resignation und Passivität endet.

- Schließlich kann Sichabsetzen Rückzug in die Sekte oder in die Sucht bedeuten oder im Extremfall zur bewaffneten Selbstausschließung führen.

Nun soll gar nicht verkannt werden, daß die soziale Rolle derjenigen, die sich um die Gesellschaft nicht kümmern, durchaus positiv sein kann. Gerade in unserer Gesellschaft wäre der Verzicht auf verschiedene Güter und Dienstleistungen, die unsere Gesellschaft bereitstellt, die man selbst aber für nicht erstrebenswert hält, eine positive Leistung. Eine sinnvolle Art „demokratischer Askese", wie es Carl-Friedrich von Weizsäcker formuliert hat. Sie könnte unserer Gesellschaft durchaus neue Impulse verleihen. (Der Einwand, daß dadurch unser Wirtschaftssystem mangels Konsummasse zusammenbrechen würde, dürfte nicht haltbar sein.) Die heutigen Formen des individuellen Absetzens sind in ihrer Masse indes keine Askese. Und selbst, wenn sie es sind wie in Bereichen der alternativen Bewegungen (viele Alternative „verzichten" allerdings nicht, sondern stellen einen ungeheuren Forderungskatalog auf), muß bezweifelt werden, ob es ihnen gelingt, die gesellschaftlichen Verkrustungen abzubauen sowie dem Engagement und der Neugestaltung neue Impulse zu verleihen.

Es sieht nicht so günstig aus. Denn in den letzten Jahren sind gegensätzliche Standpunkte viel zuwenig thematisiert worden. Es wurde viel zuwenig versucht, Andersdenkende zu überzeugen. Es wurde viel zu schnell nach „Durchsetzung" gerufen. Durchsetzung und Kontrolle durch ministerielle Vorschriften, durch die Polizei, die Staatsanwaltschaft und vieles andere mehr. Dies bedeutet Unduldsamkeit und Diskussionsverweigerung: Eine neue Art von Religionskrieg fand manchmal statt. Es fehlte die harte, aber dennoch freundliche, offene, kontinuierliche Diskussion. Insbesondere fehlte der Mut, sich mit *konkreten* Utopien auseinanderzusetzen. Es fehlte der Mut, zwischen der Realität und der Utopie hin und her zu pendeln.

Hinweise, daß es auch bei den Alternativen Halbherzigkeiten und mangelnde Konsequenz gibt, sind in Wahrheit keine ausreichenden Gegenargumente. Sicherlich gibt es auch „Grüne", die mit dem Rolls-Royce die Natur erleben wollen. Daneben scheint es mitunter, daß manch ein „Grüner" ein gespaltenes Verhältnis zur Gewalt hat. Schließlich gibt es „Revolutionäre", deren größter Wunsch die staatliche Planstelle ist. Aber: Dies alles ist kein Beweis für die *grundsätzliche* Fehlsichtigkeit der alternativen Bewegungen. Eine grundlegende Fehlsichtigkeit, ein grundlegender Irrtum ist es allerdings, wenn sich die alternativen Bewegungen als Spezialisten für Lebenssinn ausgeben und ihn produzieren wollen. Eine prinzipielle Fehleinschätzung ist es zudem, wenn die Alternativen bisher zuwenig bereit sind, die volle politische Verantwortung, d. h. auch die Verantwortung in der Regierung, zu übernehmen. Um den positiven Ansätzen, die die Alternativen durchaus entwickelt haben, genügend Nachdruck zu verleihen, bedarf es darüber hinaus der grundsätzlichen Bejahung unserer demokratischen Ordnung, insbesondere durch die Repräsentanten der neuen Gruppierungen.

2. Politiker im Abseits

Politische Entscheidungen verlieren weitgehend an Sinn, wenn sie sich überwiegend auf bereits „rollende" ökonomische, kulturelle oder gesellschaftliche Entwicklungen beziehen, wenn sie nicht am Anfang des Weges stehen. Wir befinden uns seit geraumer Zeit in einem Prozeß des grundlegenden Wandels von traditionellen wirtschaftlichen und gesellschaftlichen Bezugsgrößen: sei es in bezug auf die Wachstums-, Rohstoff- und Energiepolitik oder in Fragen der EG- und Entwicklungspolitik oder sei es im Bereich der Umweltpolitik. Dennoch halten die Verantwortung tragenden Politiker fast ohne Ausnahme unbelehrbar an tradierten Vorstellungen fest. Da die Erkenntnis der Umwertung noch keinen Eingang in den politischen Alltag gefunden hat, verkümmert die heute praktizierte Politik immer mehr zum Krisenmanagement. Aus Fortschritt wurde Fortschreibung. Fortschreibungen sind aber nur Defensivstrategien; sie taugen nicht einmal zum „Überleben".

Politisches Handeln ist heute fast nur noch

- Reagieren auf unbefriedigende Zustände und Entwicklungen,
- Verwalten durch routinemäßige Abwicklung von laufenden Geschäften,
- Legislieren in vorgeschriebenen parlamentarischen Bahnen,
- Verhandeln, ohne Chance, starre Fronten aufzulockern.

Politisches Handeln bedeutet heute vielfach weitgehende Abstinenz von so wichtigen Aufgaben wie

- Agieren durch rechtzeitiges Ablegen überholter Denkmodelle und Patentrezepte,
- Planen auch aufgrund von Alternativkonzeptionen,
- Gestalten der Zukunft.

Diese unbefriedigende Entwicklung im politischen Geschehen der Bundesrepublik beruht insbesondere auf zwei Faktoren: einmal auf der zunehmenden Bürokratisierung, auf dem zunehmenden Einfluß der öffentlichen Verwaltung und zum anderen auf dem fehlenden Mut der Politiker zur Wahrheit und zum Risiko. Im Gespräch unter vier Augen werden Probleme und Schwierigkeiten nüchtern diskutiert. In der Öffentlichkeit werden „Machbarkeit" und „heile Welt" vorgetäuscht. Beide Einflüsse scheinen nicht unabhängig voneinander zu sein und dürften sich gegenseitig beeinflussen.

In der Bundesrepublik kommen rechnerisch 37 Staatsdiener auf 1000 Einwohner; im EG-Durchschnitt sind es lediglich 29 öffentlich Bedienstete (jeweils ohne die Bereiche: Gesundheit, Verkehr, Bildung, Post; werden diese mit einbezogen, so steigt in der Bundesrepublik die Zahl auf ca. 70 an). Sicherlich hat unsere Verwaltung zahlreiche „Stärken", aber es gibt auch eine grundlegende Schwäche: Entscheidungen werden *formal* nach allen Seiten hieb- und stichfest abgesichert. Dies ist aber nur möglich, wenn nach dem Motto gehandelt wird: „Das war immer so, darum wird es auch weiterhin so gemacht." Diese Verhaltensweise des öffentlichen Dienstes ist zwar auch in anderen Bereichen des gesellschaftlichen Lebens zu erkennen, aber bei weitem nicht in einem derartigen Ausmaße und in einer derartigen Konzentration. Die Folge eines solch umfassenden formalen Sicherheitsstrebens ist, daß heute fast kein Beamter, Angestellter oder Arbeiter im öffentlichen Dienst die Verantwortung für „Probeläufe" übernimmt. So ist der große staatliche Verwaltungsapparat zur „Bewahrungsmacht" geworden, in der „Gestaltungskräfte" kaum Platz haben. Zumal wenn man der Ansicht ist: Weil man das Recht verwaltet, sei man auch im Besitz der Wahrheit. Dieses bürokratische Denken ist auch unseren Parlamenten gar nicht so fremd, immerhin kommen 213 Abgeordnete des Bundestages von 1981, das sind 41 Prozent der Bundestagsabgeordneten, aus dem öffentlichen Dienst. In den Länderparlamenten sieht es ähnlich aus.

Die Verflechtung zwischen Politikern und staatlicher Verwaltung wird dadurch weiter verstärkt, daß für Politiker – insbesondere wenn sie Regierungsverantwortung tragen – von der Verwaltung erstellte oder in Auftrag gegebene Berichte und Gutachten eine wichtige Entscheidungsgrundlage sind. Die prinzipielle Berechtigung dieser Untersuchungen soll für die politische Entscheidungsfindung nicht angezweifelt werden. Trotzdem ist nicht zu übersehen, daß politisches Handeln in einem immer stärkeren Umfange durch Institutionen, Pläne, Organisationen und Forschungen „abgesichert" wird. Politische Legitimation kann aber nicht aufgrund von Erkenntnissen aus Berichten und Gutachten erreicht werden. Und dennoch scheint es heutzutage für den Politiker fast unmöglich zu sein, eine *politische* Entscheidung ohne institutionell vorgezeichnete Handlungsvollzüge treffen zu können. Allein auf Bundesebene gibt es Dutzende von Berichten, nach vorsichtigen Schätzungen etwa 50, die mehr oder weniger regelmäßig erstellt werden. Hinzu kommen zahlreiche Sachverständigengutachten; auch diese werden zum Teil regelmäßig vorgelegt.

Die Politiker sind aber auch durch ihre Parteien oder ihre Interessenverbände institutionell eingebunden, wenn nicht sogar an die Kandare genommen. So werden gegensätzliche Standpunkte zuwenig durch eine anhaltende, argumentativ geführte Diskussion geklärt. Politische Entscheidungen sollten in einer Demokratie aber nach gemeinsamer *vernünftig* klärender Debatte getroffen werden.

Welcher Politiker ist heute noch bereit, Fragen im Zusammenhang mit Beschäftigungsprogrammen nach deren sachlicher Relevanz wirklich zu prüfen? Welcher Politiker macht sich wirklich eigene Gedanken über die Staatsverschuldung in der Bundesrepublik? Oder welcher Politiker ist bereit, Subventionen restriktiv und auf der Grundlage der Hilfe zur Selbsthilfe zu vergeben?

Wird heute nicht überwiegend so diskutiert: Wo die andere Seite regiert, untergräbt die Staatsverschuldung die Leistungskraft unserer Volkswirtschaft; wo wir aber regieren, sind Schulden nicht zu vermeiden, weil unsere Kredite nur für zukunftsträchtige staatliche Ausgaben zur Sicherung und Schaffung von Arbeitsplätzen aufgenommen werden. Oder: Wo der politische Gegner staatliche Hilfen an die Privatwirtschaft gibt, sind es Subventionen; wo die eigenen Leute es tun, ist es Hilfe zur Selbsthilfe und schafft auf Dauer die Wettbewerbsfähigkeit.

Es ist doch nicht weiter verwunderlich, wenn die Politiker sowie der Staat und seine Institutionen, im Kreuzfeuer der Kritik des Bürgers geraten. Eine Reaktion hierauf sind die neuen Kräfte, z. B. Bürgerinitiativen und neue „Parteien“ wie die „Grünen“.

Können die grünen Parteien aber wirklich eine Antwort geben? Verfallen sie nicht schon heute in die gleichen Fehler wie die traditionellen Parteien?

Der große Vorteil vieler Grüner ist, daß ihre Politik nicht in dem politisch üblichen Maße einer „Zustandsorientierung“ unterliegt, sondern stärker an einer „Zielorientierung“ ausgerichtet ist. Dabei unterliegen die Grünen aber genauso der Faszination einer Glückspropaganda wie die traditionellen Parteien. So ist im Programm der ökologischen Bewegung die Rede von: Sicherung der Zukunft, Entfaltung des Individuums in der Gruppe, Mitsprache und Mitbestimmung, Überschaubarkeit, Abbau von Macht, ökologischer Verträglichkeit, sparsamer Nutzung, Gewaltfreiheit und vielem anderem mehr.

Ist das nicht schon wieder eine auf Happy-End ausgerichtete Gesellschaft? Ist das nicht schon wieder die traditionelle Gesundbeterei? Möglicherweise auch noch als gesellschaftlich vermittelte, d. h. durch den Staat verordnete, Beglücktheit?

Der Überoptimismus der alten Schule scheint uns hier wieder eine Falle stellen zu wollen. Dieser Überoptimismus muß zur großen Enttäuschung werden. Enttäuschung, zu der sich Zukunftsangst gesellen wird. Denn das, was wir in diesem Leben wirklich erwarten können, sieht anders aus.

Die Grünen pflegen die Illusion der uneingeschränkten Lösbarkeit von Problemen aufs neue. Sie sehen zwar die Grenze des Wachstums, neigen aber auf anderen Gebieten wieder zur Grenzenlosigkeit. Das ist wieder die vorsätzliche Erzeugung der jeweils höchsten Ansprüche. Und der

Aufbau einer Operettenwelt, in der es keinen Tod, keinen Schmerz, kein Leiden gibt. Setzen sich aber dennoch Tod, Schmerz und Leiden durch, dann hat der Staat irgendwie versagt. Robert Kennedy hat einmal gesagt: „Es ist keine weise Politik, ja es ist überhaupt keine Politik im wirklichen Sinn, eine Nation auf die Verwirklichung aller Ziele festzulegen, die wünschenswert oder sogar wichtig sein könnten. Eine weise Politik verlangt, Prioritäten zu bestimmen – zu unterscheiden zwischen dem, was lediglich wichtig ist, und dem, was wahrhaft wesentlich ist."

Man vergißt zudem viel zu leicht, daß es Forderungen gibt, die keine wirkliche Perspektive eröffnen. „Gesundheit" können wir beispielsweise so definieren, daß kein einziger mehr gesund ist. Wenn wir Gesundheit als „volles körperliches, seelisches und soziales Wohlbefinden" definieren, wird es auch in Zukunft kaum einen Gesunden geben. Solche Definitionen und Forderungen haben keinen Wahrheitsgehalt. Die Verwirklichung von außergewöhnlichen Chancen fordert in der Regel ihren Preis auf anderen Gebieten. Wie ist es denn sonst zu verstehen: Wenn es uns gutgeht (materieller Wohlstand), scheint es uns plötzlich schlechtzugehen (geistige Bedrängnis).

Wenn die Parteien, die Politiker nicht bereit sind, den Preis zu nennen, müssen sie sich nicht wundern, wenn die Bürger – insbesondere die Jugendlichen – keine Lust mehr haben, ihnen zuzuhören. Denn die Bürger müssen logischerweise glauben, daß die Politiker versagt haben, wenn es nicht zu der umfassenden Beglücktheit der Menschen kommt. Darum gilt es um so mehr, den Bürgern deutlich zu machen: Wir haben keine Chance, die Lücken, die die Modernität gerissen hat, zu schließen, wenn wir meinen, auf einer Woge höchster Glückseligkeit ins neue Jahrtausend getragen werden zu können. Auch konkrete Utopien haben ihre Schattenseiten.

Im folgenden wird der Schwerpunkt bei der Aufdeckung

der Irrtümer im Bereich der Wirtschafts- und Sozialpolitik liegen. Auch die erforderlichen Konsequenzen werden sich im wesentlichen auf den Bereich der Wirtschafts- und Sozialpolitik erstrecken.

II. WENDE IN DER WIRTSCHAFTS- UND SOZIALPOLITIK ÜBERFÄLLIG

Staatliche Wirtschafts- und Sozialpolitik führt kein Eigenleben. Sie muß umfassend und hartnäckig hinterfragt werden. Es gilt, die grundsätzliche Berechtigung staatlicher Aktivitäten zu prüfen. Prinzipielle Argumente dürfen allerdings nicht mit ideologischen Scheuklappen geführt werden. Gleichwohl dürften grundsätzliche Positionen auch immer einen „Schuß" nicht beweisbarer Werturteile enthalten.

Neben einer Antwort auf die Frage nach der grundsätzlichen Berechtigung wirtschafts- und sozialpolitischen Handelns des Staates bedarf es zum anderen einer konkretisierten, operationsfähigen Strategie. Konkretisiert und operationsfähig heißt, daß zum Beispiel folgende Fragen gestellt und beantwortet werden müssen: Warum hat sich bei den Staatsausgaben der Anteil der Löhne und Gehälter der öffentlichen Bediensteten so stark erhöht? Warum liegt die Zunahme der Lohnsteuer so deutlich über der Steigerungsrate der übrigen Steuern? Warum sank kontinuierlich die Eigenkapitalquote der Unternehmen? Welche indirekten Anstöße gehen von staatlichen Ankurbelungsmaßnahmen aus? Welches ist die angemessene Höhe des Arbeitslosengeldes? Soll sich die Entwicklung der Renten weiterhin am Anstieg der Bruttolöhne und -gehälter orientieren? Können die Belastungen der Umwelt nicht mit marktwirtschaftlichen Mitteln nachhaltig verringert werden? Welches sind die Gründe, daß der Städte- und Wohnungsbau in eine Sackgasse geraten ist?

Diese Fragen werden anhand der Strukturen und Trends der 60er und 70er Jahre analysiert. Die 50er Jahre werden im allgemeinen nicht berücksichtigt, weil die wirtschaftlichen und gesellschaftlichen Bedingungen der 50er Jahre von denen der beiden folgenden Jahrzehnte teilweise erheblich abweichen. Zu nennen sind für die Bundesrepublik nicht zuletzt folgende Veränderungen:

- In den 50er Jahren mußten Wirtschaft und Gesellschaft in hohem Maße die Kriegsschäden beseitigen und die Folgen des Krieges in den Griff bekommen;
- so wurden beispielsweise zehn Millionen Vertriebene aus den ehemaligen deutschen Ostgebieten wirtschaftlich und gesellschaftlich eingegliedert.
- 1959/60 wurde dann wieder die Vollbeschäftigung erreicht.
- Mit Beginn der 60er Jahre begann sogar die Zahl der ausländischen Arbeitskräfte rasch zu steigen.
- Vollbeschäftigung bedeutete auch eine grundsätzliche Stärkung der Position der Gewerkschaften.
- Nachdem die Bedürfnisse erster Ordnung – vor allem die der Ernährung und Wohnung – und die Bedürfnisse zweiter Ordnung – die in erster Linie Nachfrage nach industriellen Erzeugnissen bedeuteten – weitgehend befriedigt waren, gewannen seit den 60er Jahren die Bedürfnisse der dritten Ordnung (Dienstleistungen, Städtebau, Verkehr, Information, Erziehung, Freizeit usw.) zunehmend an Gewicht.

1. Der Zugriff des Staates

Das ordnungspolitische Konzept der Volkswirtschaft der Bundesrepublik basiert auf der „sozialen Marktwirtschaft". Das heißt: Dominierendes Ordnungselement soll der Markt sein, sollen die Entscheidungen der privaten Unternehmen und privaten Haushalte – also jedes einzelnen Bürgers – sein. Dabei soll dem Bürger durch ein System sozialer Sicherungen in (persönlichen) Problemlagen geholfen werden, die er allein nicht bewältigen kann.

Im Laufe der Zeit ist in der Bundesrepublik das „soziale Netz" immer engmaschiger und umfangreicher geworden.

Außerdem ist ein staatliches „Fangnetz" für die Wirtschaft geschaffen worden. Es wurde immer fester und größer; allerdings mit zweifelhaftem Effekt. Denn oft fallen kleinere und mittlere Unternehmen durch, größere bleiben aber im „Bedarfsfall" regelmäßig hängen. Insbesondere die Vorstellungen in der Wirtschafts- und Sozialpolitik haben dazu geführt, daß die staatlichen Ausgaben auf breiter Front ständig gestiegen sind. So erhöhte sich in der Bundesrepublik die „Staatsquote", also der Anteil der Ausgaben des Staates (Gebietskörperschaften und Sozialversicherung) am Sozialprodukt (gesamte Erzeugung von Gütern und Dienstleistungen), von 1960 bis 1980 von 32 auf 47 Prozent.

Die ständige überproportionale Ausweitung staatlicher Aktivitäten kam nicht überraschend. Schon vor hundert Jahren hat Adolf Wagner in seinem „Gesetz der wachsenden Ausdehnung der öffentlichen, insbesondere der Staatstätigkeiten" nicht nur die absolute Zunahme der öffentlichen Ausgaben, sondern zugleich auch die überproportionale Steigerung gegenüber den privaten wirtschaftlichen Aktivitäten prophezeit. Wagner hat recht behalten: 1980 war die Staatsquote mit 47 Prozent immerhin dreimal so hoch wie vor Ausbruch des Ersten Weltkrieges – ein rasanter Anstieg. Dabei erhöhte sich die Quote in den letzten 20 Jahren fast genauso stark wie in den 50 Jahren zuvor, obwohl in dieser Zeitspanne zwei Weltkriege den Staatsanteil nach oben drückten.

Es ist nicht weiter erstaunlich, daß Adolf Wagner nicht in allen Einzelheiten recht behalten hat. So nahm er an, daß die Expansion der Staatsausgaben durch eine Expansion der Staatszwecke, d. h. eine Vermehrung der öffentlichen Aufgaben nach Art und Inhalt, bewirkt werden würde. Tatsächlich kam in den vergangenen Jahren ein entscheidender Auftrieb von den Personalausgaben im öffentlichen Dienst: 1980 lag der Anteil der Personalausgaben an den gesamten Staatsausgaben bei 32 Prozent, 1960 waren es lediglich 25 Prozent. Gerade im Bereich der Personalausgaben der öffentlich Bediensteten wirkt sich nicht nur die Vermehrung der Staatstätigkeiten aus, sondern es spielen auch andere Faktoren eine Rolle, wie das dynamische Expansionsstreben der öffentlichen Verwaltung selbst. So ging beispielsweise die Zahl der Bauern zwischen 1960 und 1980 zwar von 1,3 Millionen auf 550 000 zurück, die Zahl der Beschäftigten im Bonner Landwirtschaftsministerium stieg aber von 2 500 auf 4 400. Eine deutliche Bestätigung des Parkinsonschen Gesetzes.

Obwohl Adolf Wagner im Detail irrte, stellt sich dennoch die Frage, ob es sich bei der überproportionalen Steigerung der Staatsausgaben um eine Gesetzmäßigkeit von weitgehend zwangsläufigem Charakter handelt oder um eine politisch, wirtschaftlich und gesellschaftlich gestaltungsfähige Beziehung. Wir können offensichtlich feststellen: Trotz der großen materiellen Erfolge der sozialen Marktwirtschaft (oder gerade wegen ihrer Erfolge?) hat es Verteilungen der politischen Macht und Verhaltensweisen der Gesellschaft gegeben, die zu einem immer größeren Staatsanteil führten und die marktwirtschaftliche Ordnung untergruben. Es sieht so aus, daß in unserem Lande gerade jene Kräfte in der jüngeren Vergangenheit dominierten, die für eine Ausdehnung der Staatstätigkeit plädierten, zumindest sie aber duldeten.

1958 interviewte die Kölner Forschungsstelle für Sozialökonomik gemeinsam mit dem Allensbacher Institut für Demoskopie etwa 100 Abgeordnete des dritten Deutschen Bundestages; dabei wurde u. a. folgende Frage gestellt: „Aus verschiedenen Gründen sind die Staatsausgaben in den letzten Jahrzehnten ständig gestiegen. Heute werden rd. 30 Prozent des Sozialprodukts durch die öffentlichen Kassen geschleust. Glauben Sie, daß es möglich ist, den Staatshaushalt in diesen Grenzen zu halten, oder glauben

Sie, der Anteil des Staatshaushalts am Volkseinkommen wird sich weiter vergrößern?“ Etwas mehr als die Hälfte der Abgeordneten meinte damals, daß der Anteil weiter steigen werde. Und sie sprachen außerdem von einer Gesetzmäßigkeit im Sinne einer zwangsläufigen Entwicklung (allerdings hießen nicht alle Parlamentarier die unausweichliche Expansionstendenz unbedingt gut). Die andere Hälfte, die der Ansicht war, daß man die Staatsausgaben in Grenzen halten könne, setzte indes der Ausweitung des öffentlichen Haushalts keinen oder doch nur einen recht schwachen Widerstand entgegen, wie Kontrollfragen ergaben.

Im englischsprachigen Bereich der Nationalökonomie gibt es für diesen Sachverhalt einen treffenden Ausdruck: „self-fulfilling prophecy“. Das heißt: Wenn ich mein Verhalten nach bestimmten Vorgaben ausrichte, dann treten die Folgen fast zwangsläufig ein. Meine Vorhersage über ein zunächst nur mögliches Ereignis erfüllt sich dann von selbst. Wenn Politiker mehr „Staat“ als unumgänglich erwarten, dann werden sie sich in der Regel so verhalten, daß ihre Erwartung auch tatsächlich eintrifft. Das hat aber an sich überhaupt nichts mit einer Gesetzmäßigkeit im üblichen Sinn zu tun, sondern es ist die notwendige Konsequenz eng begrenzt angesehenen Verhaltens. Menschen können sich auf diese Weise recht leichtfertig ihrer freien Entscheidungsmöglichkeiten berauben. Angesichts dieser Abhängigkeiten kommt in der Bundesrepublik die Expansion des Staatsanteils nicht überraschend.

Die Zunahme sozialer Leistungen ging in der Bundesrepublik mit steigendem Lebensstandard einher. Für manch einen Bürger eine paradoxe Entwicklung. Dem steigenden Lebensstandard und der entsprechenden Verringerung sozialer Not stand also keine Reduzierung der Sozialleistungen des Staates gegenüber, sondern vielmehr eine spürbare Zunahme. Eine Begründung lautet: „Wohlfahrtsgesellschaften sind die, die es sich leisten können." In der letzten Zeit mehren sich aber auch die Bedenken: „Diese Gesellschaften leisten sich mehr staatliche Wohltaten, als sie sich eigentlich leisten können."

Die zunehmende Bedeutung staatlicher Sozialpolitik hat aber auch noch andere Gründe. Der Begriff der „sozialen" Marktwirtschaft lehnte sich in den 70er Jahren verstärkt an Vorstellungen zur Angleichung der Einkommensverteilung an. Anscheinend nach dem Motto: Je mehr Einkommen, je mehr Wohlstand da ist, desto mehr gilt es offenbar staatlicherseits umzuverteilen. Außerdem erhielt das Umverteilungsziel durch die Vollbeschäftigung – teilweise sogar Überbeschäftigung – viel Rückenwind. Schließlich war noch eine weitere Entwicklung für die Ausweitung staatlicher Sozialpolitik von Bedeutung. Der Gedanke „mehr Gleichheit" erstreckte sich nicht nur auf die Einkommensverteilung, auf rein ökonomische Sachverhalte, sondern der Gleichheitsbegriff wurde zunehmend als „mehr Gleichheit in fast allen Lebenslagen", als allgemeine „Chancengleichheit" verstanden.

Dieses Verständnis von „Sozialpolitik" ist aber nur die eine Wurzel für die zahlreichen staatlichen Aktivitäten. Eine andere liegt nicht im sozialen, sondern im ökonomischen Bereich: in Überlegungen über die „Selbstheilungskräfte" des Marktes und über eine nicht ausreichende Berücksichtigung wirtschaftlicher Bedürfnisse und Erfordernisse allein durch die Marktkräfte. Das heißt: Es bestehen bei den Wirtschaftspolitikern teilweise Zweifel, ob die Wirtschaft beispielsweise aus einer konjunkturellen Flauteperiode ohne staatliche Interventionen herauskommen kann, ob berechtigte Ansprüche – wie „saubere" Umwelt – über den Markt ausreichend berücksichtigt werden oder ob das Zusammenwirken von Angebot und Nachfrage immer funktioniert. Diese Zweifel produzieren von sich aus einen „Handlungsbedarf".

Für die Existenz staatlicher Aktivitäten gibt es schließlich eine dritte Ursache: politische Argumente und Mechanismen. Politiker versuchen verständlicherweise, ihre Wiederwahl zu sichern. Hierfür steht ihnen sicherlich eine ganze Reihe von „Ansatzpunkten" zur Verfügung. Als ein wirksames Instrument – möglicherweise sogar als das wirksamste Instrument – wird die wirtschafts- und sozialpolitische Begünstigung einer großen Zahl potentieller Wähler angesehen. Hier aktiv zu werden, scheint für die Politiker relativ bequem und vorteilhaft zu sein. Sie brauchen nicht auf die Signale des Marktes zu warten, sondern passen sich der vierjährigen Legislaturperiode an. Aus Aktivitäten mit scheinbar raschen Erfolgen läßt sich offenbar politisches Kapital schlagen. Marktwirtschaftliche Lösungen und langfristige Weichenstellungen hingegen vollziehen sich meistens unter Ausschluß der Wähler. Allerdings sollte folgendes berücksichtigt werden: Früher war Umverteilung „erfolgreich", da zu Lasten weniger viele „beglückt" werden konnten. Heute ist das oft umgekehrt – zugunsten weniger müssen in der Regel viele belastet werden. Insofern könnten sich auch die politischen „Spielregeln" ändern.

Manche Kritiker bezeichnen unser Sozialsystem als „soziale Hängematte", vergessen dabei aber, daß es von nicht wenigen Politikern als „politische Hängematte" in Anspruch genommen wird. Vor der Wahl werden Versprechungen gemacht, die nach der Wahl auf den Schultern der Steuerzahler ausgetragen werden. Bei demokratischen Regierungen, die sich verständlicherweise nicht immer aus den gleichen parteipolitischen Kräften zusammensetzen, führt dieses Verhalten zu einer breitgefächerten parteipolitischen Einflußnahme auf den Umfang staatlicher Leistungen. Werden einmal bestehende Wohltaten nicht wieder abgebaut, sondern weitgehend beibehalten, kann dies sogar zunehmende parteipolitische Festlegung staatlicher Aktivitäten bedeuten. Bereits im Verlaufe der 50er Jahre machte das Wort vom „Parteienstaat" die Runde. Dennoch wähnten fast bis zuletzt die Politiker die Masse der Wähler auf ihrer Seite.

Die dargelegten Ursachenfelder beeinflussen sich gegenseitig. Soziale und ökonomische Argumente können allerdings auch nur vorgeschoben sein, um (partei)politische Überlegungen zu verdecken. Es gibt zahlreiche Beispiele, die die dominierende Bedeutung der verschiedenen Faktoren in wichtigen Teilbereichen deutlich belegen.

2. Der „Normalbürger" wurde entmündigt

Die Wirtschafts- und Sozialpolitik ist sicherlich nicht das einzige Feld, das die Politiker in den 80er Jahren neu bestellen müssen. Zweifellos ist es aber ein sehr wichtiges. Dabei kann es nicht nur um eine höhere Flexibilität und Effizienz gehen, sondern es gilt auch, die Wechselwirkungen mit anderen Bereichen positiver zu gestalten.

Der Weg, der zur Lösung wichtiger Probleme beschritten werden muß, ist kein leicht zu fahrender Hochgeschwindigkeitskurs. Er ist teilweise steinig, hat Schlaglöcher, und auch vor Unwettern ist nicht ständig Schutz vorhanden. Trotzdem ist das Verbleiben auf den alten ausgetretenen Pfaden keine akzeptable Alternative. Die traditionelle Wirtschafts- und Sozialpolitik ist weder ökonomisch hinreichend effizient noch sozial wirklich ausgleichend. Zudem ist sie auf Dauer nicht finanzierbar. Sowohl die hohe Abgabenbelastung von Arbeitnehmern und Unternehmen als auch die ausufernde Staatsverschuldung *erweisen sich wirtschaftlich und gesellschaftlich als Sackgasse*. Das Gleichgewicht zwischen heute und morgen droht verlorenzugehen. Wir huldigen der Gegenwart und vergessen die Zukunft.

Es zeigt sich immer wieder, daß irgendwann einmal erworbene wirtschafts- und sozialpolitische Besitzstände regelmäßig „unter Naturschutz gestellt“ wurden. So gibt es im Bereich der Subventionen und Sozialleistungen neben berechtigten Ansprüchen zahlreiche Regelungen, die alle Kürzungsinitiativen überdauert haben, auch wenn die Vorschriften offensichtlich überholt, teilweise sogar schädlich sind. Sei es, daß veraltete Strukturen in der Wirtschaft krampfhaft am Leben erhalten werden, oder sei es, daß Sozialleistungen auf eine Art und Weise in Anspruch genommen werden, die teilweise die Kriterien der Inanspruchnahme auf den Kopf stellen. Manche meinen, es genüge, sogenannte Mißbräuche an den Pranger zu stellen; das reicht aber bei weitem nicht aus, um ökonomische und soziale Vorstellungen wieder in Einklang zu bringen.

Viel zu leicht wird heute der Vorwurf des Mißbrauchs staatlicher Leistungen – insbesondere von Subventionen und Sozialleistungen – erhoben. Manche Politiker scheinen mit Hilfe des Mißbrauchstadels nicht selten verdecken zu wollen, daß die Regelung selbst falsch ist. Abgesehen von betrügerischen Aktivitäten handelt es sich beim sogenannten Mißbrauch um völlig normal einzuschätzende Verhaltensweisen. Es ist zweifellos folgerichtig, wenn jemand auf den Bau eines privaten Schwimmbades verzichtet, weil gleich nebenan ein öffentliches Schwimmbad gebaut wird. Dieses Vorgehen unterscheidet sich allenfalls graduell, aber nicht prinzipiell von der Verhaltensweise eines von baldiger Arbeitslosigkeit bedrohten Arbeitnehmers, der durch möglichst viele Überstunden und Zuschläge sein Arbeitslosengeld noch „aufbessern“ will. Auch der Fall der Frau des Gastwirtes, die während der Saison im Betrieb ihres Mannes angestellt ist, außerhalb der Saison aber regelmäßig Arbeitslosengeld bezieht, ist als konsequent und normal zu bezeichnen. Selbst die Firma, die in Konkurs geht und Konkursausfallgeld in Anspruch nimmt, obwohl die Arbeitnehmer weiterarbeiten und obwohl die Unternehmung weiß, daß sie übernommen wird, handelt folgerichtig. Das alles ist auf grundsätzlich *falsche Weichenstellungen der Gesetzgebung* zurückzuführen. Keineswegs abgedeckt sind allerdings Schwarzarbeit oder Steuerhinterziehung. Aber auch in diesen Fällen ist es politisch nicht ausreichend, die Übertretung zu bestrafen, sondern zusätzlich müssen die Ursachen beseitigt werden, indem u. a. das Steuersystem verändert wird und nicht zusätzliche Leistungen, z. B. Überstunden, überdurchschnittlich belastet werden. Die zunehmende Bedeutung der „Schattenwirtschaft" in der Bundesrepublik ist nicht zuletzt das Ergebnis einer leistungsfeindlichen Wirtschaftspolitik.

Die Beseitigung von tabuisierten wirtschafts- und sozialpolitischen Besitzständen – beispielsweise im öffentlichen Dienst –, die gesetzgeberische Ausschaltung von sogenannten Mißbräuchen oder die Beseitigung des Übels an der Wurzel bei eindeutigen Gesetzesverletzungen wird regelmäßig durch interessen- und gefälligkeitsdemokratische „Spielregeln" verhindert. Besitzstände werden mit Zähnen und Klauen verteidigt. Selbst wenn es sich dabei um „abgegraste Weiden" handelt, bleibt der Widerstand in der Regel ungebrochen – und damit alles beim alten. So wurden ewige Jagd- und Weidegründe geschaffen.

Eine wirkliche Neuorientierung in der Wirtschafts- und Sozialpolitik, die – zumindest teilweise – mit einer neuen Wertordnung verbunden ist, scheiterte bisher fast ausnahmslos an vielstimmigen, nicht zu überhörenden Einsprüchen der „Vertreter" potentieller Wähler. Und gewählt wird „alle Jahre wieder". Die Vertreter der Wähler, gutbezahlte Funktionäre, wissen ihre Chancen zu nutzen.

Konsequenterweise faßten – insbesondere in Wahlkampfzeiten – Politiker aus dem jeweiligen Regierungslager „heiße Eisen" ohne Zwang nicht an. „Heiße Eisen" wurden ausgeklammert oder sogar bestritten. Hierfür gibt es beeindruckende Beispiele.

So sahen 1965 führende Politiker der Regierung zwar die

Gefahren, die sich zum damaligen Zeitpunkt aus dem üblichen Ausschütten wirtschaftlicher und sozialer Wohltaten ergeben würden. Im Bundestagswahlkampf fehlte es dann aber auch diesen Politikern weitgehend an Stehvermögen, um unpopuläre Maßnahmen zu fordern.

1976 bestritten die Regierungsparteien vor der Bundestagswahl die Rentenproblematik, und 1980 verharmlosten sie Ausmaß und Konsequenzen der Staatsverschuldung. Wenige Tage nach den Wahlen wurden aber jeweils die Karten auf den Tisch gelegt: Renten- und Staatsverschuldungsdilemma wurden zugegeben, wenn auch scheibchenweise. Der bruttolohnbezogene Anstieg der Renten mußte über Jahre hinweg ausgesetzt werden, und die öffentlichen Haushalte mußten in den letzten Jahren wiederholt neu ausgeglichen werden – sei es über Einnahmenerhöhungen, sei es über Ausgabenverkürzungen. Es kam teilweise zu „unglaublichen“ Korrekturen. So wurde 1980 vor der Bundestagswahl das Kindergeld erhöht, bald nach der Wahl wurde es wieder gekürzt.

Ein geistreicher Politiker der Regierungsparteien schlug vor, die Bundestagswahl künftig um 14 Tage zu verschieben, dann bräuchte man erst gar nicht die vor der Wahl gemachten Aussagen zu korrigieren. So wenig diese Bemerkung als ernsthafter Lösungsansatz gedacht war, so treffend beleuchtet sie doch das Kernproblem öffentlicher Wohltaten. Viele Politiker meinen, durch den Wettbewerb um das Mandat dazu gezwungen zu sein, Erwartungen und Forderungen der Wählerschaft insbesondere vor Wahlterminen nachgeben zu müssen. Die ökonomische Theorie spricht bereits seit längerem von einem Wahlrhythmus der staatlichen Leistungen. Wenn diese politische Verhaltensweise erfolgreich sein soll, bedarf es der Komplizenschaft eines Großteils der Wähler, also des „normalen“ Bürgers. Mag dies auch in der Vergangenheit der Fall gewesen sein, so scheint sich hier in letzter Zeit einiges zu ändern.

In der jüngsten Vergangenheit zahlte sich nämlich die Methode der breitgestreuten öffentlichen Wohltaten kaum noch aus. Eine steigende Zahl von Wählern akzeptiert die Freigebigkeit der Politiker nicht mehr uneingeschränkt. Der Vertrauensverlust, den die traditionellen (nicht nur die jeweils regierenden) Parteien in der letzten Zeit erfahren haben, beweist eindeutig den Bumerangeffekt dieser Verhaltensweise. Die hohe Abgabenbelastung an Steuern und Sozialabgaben bei privaten Haushalten und Unternehmen sowie das Ausmaß der Staatsverschuldung zeigen den Bürgern immer deutlicher, daß der Staat keine Leistung ohne Gegenleistung erbringen kann. Letztlich kassiert er mit der einen Hand für das, was er mit der anderen Hand verteilt.

Zur Finanzierung der sogenannten Wohltaten – seien es nun Subventionen oder Sozialleistungen – wird immer mehr der *Normal*bürger zur Kasse gebeten. Die stark gestiegene Belastung der Arbeitnehmereinkommen läßt sich deutlich an der Entwicklung der Lohnsteuer und der Sozialversicherungsbeiträge erkennen. So wurden 1960 im Durchschnitt die Löhne und Gehälter mit 6,4 Prozent an Lohnsteuer belastet. Zusätzlich wurden den Arbeitnehmern damals im Durchschnitt 9,6 Prozent an Sozialbeiträgen abgezogen – zusammen also 16 Prozent. 1980 kassierte der Staat von Löhnen und Gehältern durchschnittlich 16,5 Prozent an Lohnsteuer und 13,6 Prozent an Sozialbeiträgen – insgesamt 30,1 Prozent. Die Durchschnittszahl verharmlost indes die „Grenzbelastung", d. h. die Abgaben, die z. B. bei Lohnerhöhungen zusätzlich zu zahlen sind. So werden selbst bei Haushalten mit mittleren Einkommen von jeder *zusätzlich* verdienten Mark 60 Pfennig an Abgaben abgezogen.

Der Abstand der Abgabenbelastung für den normal verdienenden Arbeitnehmer ist sogar noch kräftiger gestiegen, als es diese Zahlen ausweisen. Heute ist der Anteil der

Teilzeitarbeitenden und der ausländischen Arbeitskräfte spürbar höher als vor 20 Jahren. Diese Gruppen zahlen verhältnismäßig geringe Abgaben. Die veränderte Struktur führt deshalb dazu, daß Durchschnittszahlen die Erhöhung der Abgabenbelastung für den Arbeitnehmer mit mittlerem Einkommen unterschätzen.

Wie kräftig der Staat den Normalverdiener nunmehr zur Kasse bittet, zeigt sich darum noch deutlicher daran, daß 1980 über die Hälfte aller Lohn- und Gehaltsempfänger die Progressionsstufe des Lohnsteuertarifs erreicht hatte. Das heißt: Ihr steigendes Einkommen wird nicht mehr mit 22 Prozent versteuert, sondern jede Lohn- und Gehaltserhöhung, jede Überstunde, jede zusätzlich verdiente Mark ist mit einem noch höheren Steuersatz belastet worden. Hinzu kommen die Sozialabgaben. Diese hohe Belastung ließe sich auch nicht nennenswert abbauen, wenn die Vermögenseinkommen und Gewinne erheblich stärker besteuert würden. Erst wenn man die Steuern auf das Einkommen aus Unternehmertätigkeit und Vermögen verdoppeln würde (eine utopische Vorstellung), würde die Lohnsteuerbelastung auf die prozentuale Belastung von 1960 zurückfallen. Da aber beim Einkommen aus Unternehmertätigkeit und Vermögen auch die geringen Gewinne der „Tante-Emma-Läden“ und die Vermögenseinkommen von Arbeitnehmern enthalten sind, träfe ein derartiger Lösungsvorschlag teilweise wieder die „Falschen“.

Es geht im Zusammenhang mit der steigenden Abgabenbelastung und der zunehmenden Staatsverschuldung nicht nur um einkommensmäßige, um rein geldliche Wirkungen. Wohl noch wichtiger als die finanziellen Aspekte sind die indirekten Wirkungen. Wenn der Staat bei Haushalten mit mittleren Einkommen von jeder zusätzlich erarbeiteten Mark erst einmal 60 Pfennig kassiert, so daß nur noch 40 Pfennig für den Arbeitnehmer bleiben, wird der Bürger zu 60 Prozent „entmündigt“.

Der Bürger ist nachdenklich geworden. Wieso soll der Normalbürger (der mittelständische Unternehmer und der Arbeitnehmer mit mittlerem Einkommen) akzeptieren, daß er die finanzielle Hauptlast der Staatstätigkeit trägt, daß *er* den größten Teil staatlicher Ausgaben finanzieren muß? So ist die Lohnsteuer nicht nur die mit Abstand größte Steuer, sondern sie ist auch eine – vom Steuertarif her betrachtet – ausgesprochen „dynamische" Steuer, so daß heute Lohnerhöhungen vielfach überproportional besteuert werden, selbst wenn die Lohnerhöhungen nur ein Ausgleich für Preissteigerungen sind. Den größten Teil der Lohnsteuer kassiert der Staat zudem von Arbeitnehmern mit geringen und mittleren Einkommen. 1978 brachten Arbeitnehmer mit einem Bruttoeinkommen bis zu 50 000 DM im Jahr fast zwei Drittel des gesamten Lohnsteueraufkommens auf.

Andererseits bezahlen die kleinen und mittleren Unternehmen wie die „Tante-Emma-Läden" und andere kleinere und mittlere Einzel- und Großhandelsbetriebe sowie die Handwerksbetriebe fleißig ihre Steuern, ohne dafür eine angemessene „Gegenleistung" zu erhalten. Diese „Gegenleistung", beispielsweise in Form von Subventionen, nutzen in erster Linie die Großunternehmen. Denn sie haben Spezialstäbe oder Spezialabteilungen, die sich im Bürokratiedschungel staatlicher Vorschriften zurechtfinden. Das beinhaltet überhaupt keinen Vorwurf gegenüber Großunternehmen, sondern ist das Ergebnis einer verfehlten Subventionspolitik. Mittelständischen Unternehmen fehlt es an Zeit und Personal, sich mit der staatlichen Bürokratie auseinanderzusetzen, um dann eventuell nach Wochen oder Monaten doch nur zu erfahren, daß ihre Anträge abgelehnt wurden.

Eine Untersuchung des Mittelstandsinstituts Niedersachsen zeigte: Kleinere und mittlere Unternehmen zahlten einen erheblichen Teil an Steuern und Sozialabgaben. Nur etwa ein Prozent dieser Belastung „kam auf der anderen Seite im Durchschnitt über Subventionen wieder herein“. Anders bei Großunternehmen. Hier waren die Subventionen sogar höher als Steuern und Sozialabgaben. Mögen sich auch die Zahlen von Jahr zu Jahr ändern und von Untersuchung zu Untersuchung voneinander abweichen, das führt zwar zu graduellen Modifizierungen, aber nicht zu prinzipiell veränderten Tendenzen. Falsch wäre allerdings auch, daraus die Forderung abzuleiten: Die Wirtschaftspolitik soll „mittelstandsbevorzugend“ sein. Der Mittelweg wäre richtig gewesen: Die Wirtschaftspolitik hätte „mittelstandsdurchlässig“ sein müssen.

Daß dies alles nicht ohne Folgen blieb, ist verständlich. Die Bereitschaft, mehr Leistung zu erbringen, ist zweifellos gesunken, es kann sogar die allgemeine Leistungsbereitschaft darunter gelitten haben. (Umfragen ergaben eindeutig: Die Grundeinstellung zur Arbeit ist heute nicht mehr so positiv wie noch vor Jahren. Dies hat sicherlich viele Ursachen. Die steigende Abgabenbelastung der Einkommen und damit verbunden die Entmündigung des Bürgers dürften hierbei aber eine wichtige Rolle spielen.) Zunächst mag gegenüber den politisch Verantwortlichen nur ein Unbehagen bestanden haben. Dieses Unbehagen hat sich aber bereits heute verschiedentlich zu einer allgemeinen Staatsverdrossenheit entwickelt.

Das Unbehagen der Bürger gegenüber Politikern und Staat wurde noch auf andere Art gefördert, und zwar über die zunehmende Bürokratisierung des öffentlichen Lebens. Hier ging die Wirtschafts- und Sozialpolitik oft mit schlechtem Beispiel voran. So wurden zwischen 1969 und 1977 über 300 neue Steuergesetze in der Bundesrepublik erlassen. Im Zusammenhang damit entstanden rund 1 400 neue Steuerverordnungen, Richtlinien, Verwaltungsanweisungen und amtliche Bekanntmachungen – Gesamtumfang: 23 000 Druckseiten. Das Ausmaß der Mittäterschaft der

Politiker kann nicht hoch genug angesetzt werden. Denn schließlich sind es die Regierungen und Parlamente, die die Gesetze einbringen.

Der Bürger fühlt sich der öffentlichen Verwaltung regelrecht ausgeliefert, weil er den Bürokratieapparat nicht mehr überschaut und begreift. Bis zu 80 Prozent der Bevölkerung haben mit Behördentexten ihre liebe Müh und Not. So fühlen sich die Bürger gegenüber der Verwaltung ohnmächtig, und sie gehen davon aus, daß die Beamten in ihrem Ermessensspielraum regelmäßig zu ihren Ungunsten entscheiden. Das Unbehagen gegenüber der öffentlichen Verwaltung kann durch vieles genährt werden:
— durch die unübersehbare Flut an Gesetzen, Verordnungen und Vorschriften,
— durch (Fehl-)Verhalten der öffentlich Bediensteten oder
— durch überholte Arbeitsabläufe und Organisation der Behörden.

Dies trifft die „kleinen Leute“ weit mehr als die „großen“. In der Wirtschaft sind es vor allem die mittelständischen Betriebe und bei den Arbeitnehmern die Kleinverdiener, die unter der Bürokratisierung leiden.

Geringere Leistungsbereitschaft – wenn nicht sogar Leistungsverweigerung – und Staatsverdrossenheit kann sich ein Land wie die Bundesrepublik weder wirtschaftlich noch gesellschaftlich leisten. Wenn es wettbewerbsfähig bleiben will, wenn es seine Produkte erfolgreich im In- und Ausland absetzen will, wenn es zukunftsträchtige Arbeitsplätze schaffen und sichern will, wenn es seine Verpflichtungen für die Armen der Dritten Welt erfüllen will, wenn es also weder wirtschaftlichen noch gesellschaftlichen Rückschritt geben soll, dann ist es unerläßlich, daß die Wirtschafts- und Sozialpolitiker Mut und Stehvermögen zu einer Neuorientierung aufbringen. Ein Vertrauensgewinn auf Dauer kann nur dann erreicht werden, wenn der traditionellen Wirtschafts- und Sozialpolitik, einer Politik der breitgestreuten „Wohltaten“, eine eindeutige Absage erteilt wird.

Es kommt nicht darauf an, daß der Leser jedes Argument voll akzeptiert. Es wäre sogar schädlich, wenn gegensätzliche Meinungen verschwiegen und verharmlost würden. Der Leser soll selbst kritisch Ausschau halten nach akzeptablen wirtschafts- und sozialpolitischen Lösungen und dies die Politiker stärker und konsequenter als bisher spüren lassen. Die Anwendung von Gewalt zur Durchsetzung von Forderungen ist allerdings abzulehnen. Aus heutiger Sicht muß man sich fragen, ob nicht durch Schlagworte wie „Gewalt gegen Sachen – ja“ eine moralische Rezession eingeleitet wurde, die wahrscheinlich noch schwieriger zu überwinden ist als die konjunkturelle Rezession, das wirtschaftliche Tief der letzten Jahre. Beispielsweise stellen die Medien Gewalttätigkeit immer wieder auf eine Art und Weise dar, die die grundsätzliche und deutliche Distanzierung von der Gewaltanwendung vermissen läßt.

Fast jeder Politiker hat seine wirtschafts- und sozialpolitischen Sünden begangen – fast jeder Politiker hat anschließend die wirtschafts- und sozialpolitischen Leichen schnell im Keller vergraben. Mancher hofft sogar, daß die Bürger wirtschafts- und sozialpolitische Massengräber als naturgegeben hinnehmen. Die vielfältigen Reaktionen der Bürger auf die hohe Abgabenbelastung und Staatsverschuldung sowie auf die ausufernde Bürokratie zeigen, daß dies in Zukunft nicht unbedingt der Fall sein wird. Die Politiker scheinen dies zu erkennen. Aber sie versuchen noch immer, nur die Spitze, den sichtbaren Teil des Eisberges in ihr Handeln einzubeziehen.

III. AUS DER VERGANGENHEIT FÜR DIE ZUKUNFT LERNEN

Zu Beginn der 80er Jahre steht die deutsche Volkswirtschaft vor schwerwiegenden Problemen. Die anhaltende konjunkturelle Talfahrt der beiden letzten Jahre und die Notwendigkeit einer umfassenden Anpassung an den strukturellen Wandel fallen in eine Zeit, in der der Staat nach Jahren stark expansiver Wirtschafts- und Sozialpolitik mit leeren Kassen dasteht. Die öffentlichen Hände sind durch die rasch steigende Verschuldung der letzten Jahre so stark in ihrem Handlungsspielraum eingeengt, daß Bund, Länder und Gemeinden um Umstrukturierungen und Kürzungen der öffentlichen Haushalte mittelfristig nicht herumkommen. Keine günstige Ausgangslage, zumal die Arbeitslosigkeit nach allgemeiner Auffassung auch in den nächsten Jahren auf einem unbefriedigend hohen Niveau verharrt, das wirtschaftliche Wachstum bescheidener als noch vor Jahren ausfallen dürfte und der Zustrom Jugendlicher auf den Arbeitsmarkt vorerst hoch bleiben wird. So werden sich – auch im Rahmen einer konsequenten Konsolidierungspolitik der öffentlichen Hände – die Belastungen, die schon heute aus der Staatsverschuldung erwachsen, bis weit in die zweite Hälfte der 80er Jahre verstärken. (Ähnliches gilt für die größte Zahl der westlichen Industrieländer; allerdings scheint das Tempo, mit dem die Verschuldung bei uns ansteigt, fast ohne Beispiel zu sein. Daneben werden die anhaltenden Schwierigkeiten der Länder der Dritten Welt sowie die wirtschaftlichen und gesellschaftlichen Probleme der Staatshandelsländer immer offensichtlicher.)

Die schwierige Ausgangslage der Bundesrepublik sollte als Herausforderung verstanden werden, die es zu nutzen gilt. Pessimismus oder sogar Resignation sind völlig fehl am Platze.

1. *Produktionsstandort Bundesrepublik*

Produktionsstandort Bundesrepublik ist eines der Themen, bei denen man heute garantiert wesentlich mehr Klagen, Defensiverklärungen, aber auch mehr „Ausflüchte“ hört als Zuspruch, Zufriedenheit oder dynamisches Vorwärtsdrängen. Dies hat vielfältige Ursachen.

— Der Produktionsstandort Bundesrepublik scheint immer mehr an Attraktivität zu verlieren. So hat sich die Zunahme der Direktinvestitionen ausländischer Unternehmen in der Bundesrepublik in den 70er Jahren merklich abgeschwächt, während der Anstieg der Direktinvestitionen deutscher Firmen im Ausland bis zuletzt in nahezu unverändertem Tempo anhielt.

— In den vergangenen Jahren ist der Umfang der Importe, auch der Fertigwarenimporte, in die Bundesrepublik stark gestiegen. Wahrlich auch kein Zeichen, daß wir in unserem Lande kostengünstig und effizient produzieren. Denn es sind nicht nur die Schwellenländer, sondern auch Industrieländer mit offensiven Exportstrategien wie Japan, die deutschen Unternehmen auf den inländischen und ausländischen Märkten Anteile abjagen. Nach einer günstigeren Entwicklung des deutschen Außenhandels 1981 kam es 1982 bei den deutschen Ausfuhren wiederum zu einem Rückschlag.

Direktinvestitionen (Nettowerte)
– jährlicher Zugang in Millionen DM –

Im Durchschnitt der Jahre	Deutscher im Ausland	Gebietsfremder in der Bundesrepublik
1965 – 1969	2 083	2 735
1970 – 1974	3 829	4 366
1975 – 1979	5 847	3 063
1980 / 1981	9 000	3 200

Die mittelfristige Aufwertung der D-Mark, stark gestiegene Lohn-, Energie- und Rohstoffkosten, geringer werdende Produktivitätszuwächse auf der einen Seite sowie staatliche Reglementierungen und Investitions- und Produktonshemmnisse im administrativen, politischen und gesellschaftlichen Vorfeld auf der anderen Seite werden als ursächlich für diese Tendenzen angesehen.

Indes schätzen nicht nur Unternehmer, sondern auch Arbeitnehmer die „Arbeitsstätte" Bundesrepublik teilweise mit Skepsis ein. So haben 1980 und 1981 jeweils ca. 55 000 Deutsche die Bundesrepublik verlassen – aus den verschiedensten Gründen. Oft wurden folgende genannt: mehr Geld, mehr Freiheit, mehr politische Sicherheit. Gewiß auch Werte, die Unternehmer überlegen lassen, ob sie in der Bundesrepublik investieren und produzieren sollen. Ob diese Werte allerdings in anderen Ländern tatsächlich besser zu verwirklichen sind, ist eine offene Frage. Die meisten sehen es wohl anders. Jedenfalls wird in der Bundesrepublik vielfach noch immer zukunftsträchtig investiert und produziert:

— Die Investitionsneigung in der Bundesrepublik ist wegen struktureller Anpassungsprobleme und konjunktureller Flaute gegenwärtig zwar recht gedämpft. Nicht wiedergutzumachende rezessive Tendenzen waren bei der Investitionstätigkeit aber auch 1981/82 nicht zu erkennen; allerdings sind erstmals seit 1975 die realen Anlageinvestitionen nicht weiter gestiegen, sondern sogar zurückgegangen. Das darf indes nicht als völlig neue Erfahrung gewertet werden. In der ersten Hälfte der 70er Jahre war immerhin von 1972 bis 1975 ein Rückgang zu verzeichnen. Selbst im davorliegenden Fünfjahreszeitraum von 1965 bis 1970 wuchsen die Anlageinvestitionen drei Jahre lang nicht.
— Das Auslandsgeschäft deutscher Unternehmen erweist sich immer wieder als stabilisierendes Element. „Made

in Germany“ besitzt immer noch viel von seinem einstigen Glanz.

Für die deutschen Unternehmen sind Investitionen nach wie vor unentbehrlich, um ihre Wettbewerbsfähigkeit aufrechtzuerhalten. Deutsche Unternehmen paßten sich wohl in der Mehrzahl relativ rasch an veränderte Nachfrage- und Kostenstrukturen an, die sich in letzter Zeit vor allem durch die drastisch gestiegenen Energie- und Rohstoffkosten verschoben haben. Immerhin wurden in der Bundesrepublik in den vergangenen Jahren zusätzliche Arbeitsplätze geschaffen. Ende 1981 war die Zahl der abhängig Beschäftigten um eine dreiviertel Million höher als Anfang 1976. Dennoch ist nach Meinung der Unternehmer der Druck gewachsen, sie gesellschaftlich und gesellschaftspolitisch in die falsche Ecke zu drängen: Die beschäftigungspolitische Notwendigkeit von privaten Investitionen wurde in der Öffentlichkeit kaum diskutiert, während die Behauptung, daß Rationalisierungsinvestitionen Arbeitsplätze vernichten, oft ohne Widerspruch hingenommen wurde. Negative Folgen für die Investitionstätigkeit der Unternehmen sind wahrscheinlich.

Hemmnisse können auch auf andere Weise aufgebaut werden. So ist nicht zu leugnen, daß beispielsweise im Bereich der neuen Telekommunikationstechnologien riesige Produktions- und Investitionsmöglichkeiten bestehen; deren Verwirklichung ist aber eine offene Frage. Hierfür gibt es vor allem zwei Gründe: die Ausnahmestellung des staatlichen Supermonopols Deutsche Bundespost und unterschiedliche medienpolitische Konzeptionen. Neben den klassischen Produktionsfaktoren Boden, Arbeit und Kapital sowie den neuen Werten Rohstoffe und Energie hat die Informationstechnologie essentielle Bedeutung erlangt. Zuwenig wurde bisher berücksichtigt: Telekommunikation und Datenverarbeitung müssen in der Bundesrepublik zu einer großen Informationstechnologie zusammenwachsen, wenn der Produktionsstandort Bundesrepublik wettbewerbsfähig sein soll.

In zukunftsträchtigen Wirtschaftssektoren wie im Bereich der Telekommunikation sind die Produktions- und Investitionschancen bislang leichtfertig aufs Spiel gesetzt worden. Wir dürfen uns nicht, wie bei der zweiten Ölkrise, wieder überraschen lassen.

Gerade in einer Zeit konjunktureller Schwäche und gravierender struktureller Veränderungen sowie anhaltender finanzieller Enge in den öffentlichen Haushalten ist es wichtig, daß der Produktionsstandort Bundesrepublik seine alte Attraktivität wiedergewinnt. Politiker, Unternehmer und Arbeitnehmer haben dies bisher zuwenig bedacht. Auch sind ideologische Einseitigkeiten – wie sie teilweise von Funktionären vertreten werden – fehl am Platze. Blinde Ideologie verfolgt Ziele, ohne zu fragen, was man dafür an anderen Werten aufgeben muß.

Es half und hilft uns nicht weiter, wenn erfolgreiche Unternehmer, wenn Unternehmer, die Gewinne machen, an den Pranger gestellt werden. Welch unrealistische Vorstellungen über die Höhe der Gewinne bei den Bundesbürgern herrschen, zeigte eine Umfrage der Industrie- und Handelskammer Koblenz im Herbst 1981. So schätzte man, daß in der Industrie und im Handel der Reingewinn vor Steuern in Prozent des Umsatzes 1981 bei über 30 Prozent liegen würde. Tatsächlich erreichten die Gewinne Ende der 70er Jahre aber nur eine Größenordnung von 5 Prozent.

Auf der anderen Seite sollten die Unternehmer aber auch anerkennen, daß es bei der Produktion nicht nur um wirtschaftliche Interessen gehen kann, daß beispielsweise auch die Umwelt ein Wert ist, der seinen Preis fordert – sowohl von den Unternehmern als auch von den Arbeitnehmern.(In der Marktwirtschaft muß übrigens das Gut Umwelt auch einen *Preis* haben, wenn der Umweltschutz funktionieren soll.) Es nützt wenig, wenn sich Unternehmer und Manager, sobald sie auf „nicht artverwandte“ Meinungen stoßen, in die Defensive zurückziehen. Sie haben bisher im betrieblichen Alltag zuwenig über die gesellschaftliche Wertung unternehmerischer Verhaltensweisen und Aktivitäten informiert. Überzeugende betriebliche Informationen von Unternehmern und Managern sind genauso wichtig wie bedeutende Zukunftsinvestitionen im Anlagenbereich. Beides ist unerläßlich für die Bewältigung des Strukturwandels unserer Tage.

Um die Qualität des Produktionsstandortes Bundesrepublik zu verbessern, bieten sich darüber hinaus folgende Ansatzpunkte an:

- Die Dynamik der Lohnnebenkosten muß gestoppt werden.
- Der Verwaltungsaufwand, der für staatliche Arbeiten anfällt, ist zu reduzieren.
- Der Subventionsdschungel ist zu durchforsten.
- Die Möglichkeiten der Energiekosteneinsparung dürfen nicht durch politische und gesellschaftliche Restriktionen beschnitten werden.
- Die Transportkosten müssen durch mehr Wettbewerb im Verkehrssektor gesenkt werden.
- Die steuerlichen Rahmenbedingungen sind zu verbessern, z. B. durch Abbau der ertragsunabhängigen Steuern.

Die konkreten Maßnahmen müssen von einer Wirtschaftspolitik ergänzt werden, die für die Unternehmen langfristig kalkulierbar ist.

2. Strukturwandel und Protektionismus

In einer stark miteinander verflochtenen Weltwirtschaft, in der der Wettbewerb der Länder untereinander ein tragendes Element ist, werden die Bedingungen wirtschaftlichen

Handelns selbstverständlich im Laufe der Zeit nicht unverrückbar sein, sie werden sich – wenn auch in unterschiedlichem Tempo – ständig verändern. Ein globaler Indikator für die wirtschaftliche Dynamik, für den weltweiten strukturellen Wandel sind die Handels- und Leistungsströme, d. h. die Verschiebungen im Warenverkehr, bei den Dienstleistungen und Übertragungen. Die Entwicklungen in den Leistungsbilanzen zeigen die weltweiten Veränderungen so pointiert, daß es fast so aussieht, als wenn die Weltwirtschaft zuletzt aus den Fugen geraten wäre.

Während beispielsweise die westeuropäischen Industrieländer 1978 im Warenverkehr noch einen Überschuß von 17 Mrd. US-Dollar erzielten, entstand 1980 ein Rekorddefizit von 40 Mrd. Dollar. Einschließlich der Dienstleistungs- und Übertragungsbilanzen vergrößerte sich das Minus sogar auf 50 Mrd. Dollar. 1981 ist das Defizit der westeuropäischen Industrieländer wiederum ähnlich hoch ausgefallen. Es gibt nur noch wenige Industrieländer, wie die USA und Großbritannien, deren Leistungsbilanzkonten nicht ins Minus rutschten.

In den Leistungsbilanzen sind rote Zahlen die Regel. So summierten sich über die drei letzten Jahre, von 1979 bis 1981, die Leistungsbilanzdefizite aller Industrieländer auf 140 Mrd. Dollar. Dies führte dazu, daß sich die Devisen dieser Länder verringerten. Selbst devisenstarke Länder wie die Bundesrepublik bekamen die Probleme der Leistungsbilanzdefizite deutlich zu spüren. So stand die D-Mark von Mitte 1980 bis Herbst 1981 unter Abwertungsdruck, insbesondere gegenüber dem Dollar. Ein erheblicher Teil der deutschen Leistungsbilanzdefizite wurde über Kredite finanziert. Dies war gerade in der jüngeren Vergangenheit keine billige Angelegenheit. Denn international erreichten die Zinsen ein Rekordniveau. Außerdem erschwerten die Industrieländer mit ihrer Riesenkapitalnachfrage die Kreditaufnahme der Entwicklungsländer.

Den großen Leistungsbilanzdefiziten der westlichen Industrieländer, aber auch der Entwicklungsländer stehen riesige Leistungsbilanzüberschüsse bei den ölexportierenden Ländern gegenüber. Sie beliefen sich von 1979 bis 1981 auf fast 250 Mrd. Dollar, also fast auf eine viertel Billion Dollar. Diese Ungleichgewichte in den Leistungsbilanzen, also bei Waren-, Dienstleistungs- und Übertragungsströmen, beruhten in erster Linie auf den veränderten Tendenzen im Warenverkehr. Der Welthandel scheint in den nächsten Jahren vor einer schweren Belastungsprobe zu stehen. Bei relativ stabilen Ölpreisen würden allerdings nicht mehr die OPEC-Staaten, sondern viel eher die Schwellenländer für „Unruhe" sorgen.

Der weltweite Strukturwandel hinterließ insbesondere in den außenhandelsorientierten Ländern deutliche Spuren. Die Bundesrepublik ist zwar nach wie vor eine der führenden Welthandelsnationen; sie konnte aber im Rahmen der strukturellen Verschiebungen ihre Position auf den Weltmärkten nicht ganz behaupten. Jedenfalls ist der deutsche Anteil am Welthandel seit einiger Zeit rückläufig.

Anteil der Bundesrepublik am Welthandel (Weltexport)
– in Prozent –

1960	9,0	1973	11,3
1965	9,6	1975	10,3
1970	10,9	1980	9,5

Entscheidend hierfür dürften einmal die Freigabe wichtiger Wechselkurse Anfang der 70er Jahre und zum anderen die Auswirkungen der ersten Ölpreisexplosion vom Herbst 1973 gewesen sein. Damals verteuerte sich von Ende 1972 bis Ende 1973 die D-Mark gegenüber den Währungen der Handelspartner durchschnittlich um über 10 Prozent. Der Außenwert der D-Mark erhöhte sich auch weiterhin mit nur wenigen Unterbrechungen. Ende 1981 war dann der

DM-Kurs um rund 50 Prozent höher als Ende 1972. Die Aufwertungstendenz der D-Mark belastete die Position deutscher Exporteure auf den Weltmärkten spürbar; denn nur teilweise ist die Aufwertung Ausdruck der unterschiedlichen Preis- und Kostenentwicklungen in den einzelnen Ländern gewesen. Teilweise sind auch andere als rein ökonomische Faktoren ausschlaggebend gewesen.

Als rohstoff- und energiearmes Industrieland wurde die Bundesrepublik auch durch die enorme Verteuerung des Erdöls und die anschließenden Preiserhöhungen bei anderen wichtigen Rohstoffen in ihrer Außenhandelsposition stark getroffen. Immerhin stiegen im Verlaufe der ersten Ölkrise die Weltmarktpreise aller Rohstoffe (auf Dollarbasis) im Durchschnitt auf mehr als das Doppelte (Mitte 1973 bis Ende 1974). Nach der zweiten Ölpreisexplosion waren Ende 1981 die Rohstoffpreise fast fünfmal so hoch wie im Sommer 1973; selbstverständlich war dabei der Effekt der Ölpreissteigerungen am spürbarsten (jeweils HWWA-Index). Im Laufe der Zeit konnten zwar auch die deutschen Exporteure die Preise ihrer Güter erhöhen, aber bei weitem nicht in ähnlichem Ausmaß. So haben sich die Preise für deutsche Export-Autos, eines der wichtigsten deutschen Ausfuhrgüter, von 1973 bis zum Frühjahr 1981 verdoppelt, allerdings war das im Vergleich zur Ölpreissteigerung nur „ein Tropfen auf den heißen Stein“. Denn während 1973 noch 12 Pkw den Gegenwert von 1 000 t Rohöl ausmachten, waren im Frühjahr 1981 46 Pkw zum Ausgleich nötig. Zwar sind nicht alle Importwaren so drastisch gestiegen wie die Ölpreise, dennoch gilt der Grundsatz: Wir müssen in der Bundesrepublik heute unseren Lebensstandard gegenüber dem Ausland wesentlich teurer erkaufen als Anfang der 70er Jahre.

Außerdem wurde dieses „Tauschgeschäft“ zusehends schwieriger. Denn die deutschen Unternehmen wurden durch die verschärfte Konkurrenz der sogenannten Schwellenländer – fortgeschrittener Entwicklungsländer wie Südkorea, Taiwan, Hongkong, Singapur, Mexiko oder Brasilien – und durch Industrieländer mit aggressiven Exportstrategien wie Japan zunehmend „in die Zange genommen“. Dies geschah sowohl auf den Auslands- wie auch auf den Inlandsmärkten. 1980 war fast ein Viertel des gesamten industriellen Angebots in der Bundesrepublik ausländischer Herkunft. Das Institut der deutschen Wirtschaft hat im einzelnen folgende Importanteile errechnet:

Anteil der Einfuhren an der inländischen Verwendung der Bundesrepublik 1980
– in Prozent –

Kunststoff	16	Feinmechanik, Optik	35
Autos	17	Bekleidung	35
EBM-Waren	18	Textilien	38
Elektrotechnik	21	Lederwaren, Schuhe	41
Maschinen	21	Papiererzeugung	48
Gummi, Asbest	24	Musikinstrumente, Spielwaren	50
Chemie	25	Flugzeuge u. ä.	55
Eisen und Stahl	26	Büromaschinen, EDV	60

Der schärfere Wind, der immer mehr deutschen Unternehmen ins Gesicht blies, untergrub das Selbstbewußtsein der Wirtschaft. Die deutsche Wirtschaft blickte viel zu lang wie erstarrt auf Japans wirtschaftliche und wirtschaftspolitische Strategien.

Vielfach mag der Eindruck entstanden sein, daß sich in Japan der Staat in großem Stil in das Wirtschaftsgeschehen eingeschaltet hat und die Japaner trotzdem voll, wenn nicht sogar besser, wettbewerbsfähig sind. Soviel steht fest: Die Japaner haben eine gewaltige Zentralinstanz zur Koordinierung und konsequenten Durchsetzung der wirtschaftspolitischen Maßnahmen geschaffen. Diese Institution, das Ministerium für internationale Zusammenarbeit – kurz Miti genannt –, beschäftigt 14 000 Mitarbeiter. Miti ist in

Japan fast allmächtig. Zweifellos hat Miti seinen Anteil an den Exporterfolgen japanischer Produkte. Aber „Miti" ist kein Allheilmittel. Die staatliche Exportförderung verschlang gewaltige Summen. Japanische Politiker gestehen, daß nunmehr auch bei Miti der Gürtel enger geschnallt werden muß. In Zukunft müssen die Mittel für die traditionelle Wirtschaftsförderung eingeschränkt werden, da die staatliche Verschuldung ausufert. Einsparungen in anderen Bereichen sind kaum möglich, weil schon heute in Japan Finanzmittel an anderer Stelle fehlen.

— In Japan ist bisher die Infrastruktur eindeutig zu kurz gekommen. Verkehrschaos im öffentlichen Nahverkehr oder rigorose Bedingungen für den Kauf eines Privat-Pkw, wie der Nachweis eines vorhandenen Stellplatzes, sind die Folge. Ebenso ist der Wohnungsbau, auch wenn man das japanische Verständnis von Wohnkultur berücksichtigt, eine Schwachstelle. Wenn Kühlschränke aus Platzmangel auf den Balkons stehen müssen, so ist dies bestimmt keine zufriedenstellende Lösung.

— Die staatliche Wirtschaftsförderung hat sich fast völlig auf Großunternehmen konzentriert. So wurden in Japan zwei Kategorien von Unternehmen geschaffen. Auf der einen Seite bevorzugte Großunternehmen mit vergleichsweise hohen Löhnen und akzeptablen Arbeitsbedingungen – und auf der anderen Seite: Klein- und Mittelbetriebe mit niedrigen Löhnen und teilweise katastrophalen Arbeitsbedigungen. In den Großbetrieben arbeiten nur 30 Prozent der Arbeitnehmer. Ihr Einkommen ist um rund ein Drittel höher als die Verdienste von Mitarbeitern in Kleinbetrieben. Diese kennen zudem nicht die üppigen betrieblichen Sozialleistungen der Großindustrie.

— Die Umweltbelastungen in Japan sind auch aufgrund der Einseitigkeit der Wirtschaftspolitik stellenweise ins Unerträgliche gestiegen. Nach Ansicht von Professor

Shunsaku Nishikawa hat dort die Umweltbelastung ein Ausmaß erreicht, das höher ist als in den anderen Industrieländern.

— In der sozialen und sozialpolitischen Landschaft in Japan gibt es deutliche Mängel. Das müssen auch jene „Bewunderer" japanischer Wirtschaftserfolge zugeben, die meinen, in der Bundesrepublik sei das soziale Netz zu engmaschig geworden. Beispielsweise erreicht der japanische Arbeitnehmer im Durchschnitt mit 57 Jahren die betriebliche Altersgrenze und ist bis zum Anspruch auf Altersrente mit 60 Jahren oft nur unzureichend abgesichert.

Die Japaner haben ihre Exporterfolge teuer erkaufen müssen. Es ist fraglich, ob sich ihre Strategie langfristig lohnen wird. In Zukunft dürfte sich der Widerstand der Japaner – insbesondere der jungen Generation – gegen die bisherige Wirtschaftskonzeption spürbar verstärken. Neben wirtschaftlichen Einwänden werden vor allem große Forderungen im gesellschaftlichen und gesellschaftspolitischen Bereich berücksichtigt werden müssen. Aufgrund der zahlreichen staatlichen Eingriffe haben die Japaner – nicht nur nach europäischen Vorstellungen – auf wesentliche private Bedürfnisse verzichten müssen. Hierfür wird den japanischen Politikern in den nächsten Jahren zweifellos noch die Rechnung präsentiert werden. Das alles heißt keineswegs, die Augen vor den offenkundigen wirtschaftlichen Leistungen der Japaner, z. B. vor ihrer Überlegenheit bei der praktischen Anwendung und Ausnutzung von Forschungs- und Entwicklungsergebnissen, zu verschließen. Wenn in Tokio so viele Patente und Gebrauchsmuster angemeldet werden wie in der Bundesrepublik, den USA, Frankreich und Großbritannien zusammen, so ist dies ein Faktum, das uns sehr nachdenklich stimmen sollte. Trotzdem kann Japan wegen seiner großen neuralgischen Zonen kein Vorbild für uns sein.

Die grundsätzliche Überlegenheit freier Unternehmensentscheidungen gegenüber staatlichen Eingriffen bei der Anpassung an den Strukturwandel kann offensichtlich nicht bestritten werden. Führende Forschungsinstitute der Bundesrepublik bestätigen dies. So meint das IfW in Kiel: „Die staatliche Strukturpolitik dient überwiegend der Konservierung überkommener Strukturen." Und das HWWA in Hamburg stellt parallel dazu fest: „Ein Erfolg sektoral gezielter Subventionen konnte nicht nachgewiesen werden, ... eher das Gegenteil." Das heißt, nicht durch staatliche Eingriffe entstehen neue Organisationsformen, neue Produktionsverfahren, neue Produkte oder werden neue Märkte erschlossen, sondern dies wird vor allem durch das ständige Bestreben der Unternehmen, auf den Märkten wettbewerbsfähig zu bleiben, erreicht. Es sieht also so aus, daß es zur freiheitlichen privaten Effizienz- und Wettbewerbsordnung der Wirtschaft *langfristig* keine Alternative gibt. (Trotz dieser grundsätzlichen Feststellung kann es sinnvoll sein, wenn der Staat in Entwicklungsländern vorübergehend stärker eingreift.)

Um auf den Weltmärkten besser bestehen zu können, sollten vor allem auf drei Gebieten stärkere Anstrengungen unternommen werden:

— Die deutschen Unternehmen müssen ihr Selbstvertrauen und ihren Selbstbehauptungswillen wiedergewinnen. Nichts kommt auf den Weltmärkten besser an als eine Exportnation, die mit gesundem Realismus auftritt. Gleichzeitig müssen die Firmen expansive Exportstrategien entwickeln und mit maßgeschneiderten „intelligenten" Produkten – insbesondere im Investitionsgüterbereich – der ausländischen Konkurrenz Paroli bieten. Hohe Produktqualität, gute Lieferkonditionen und flexibler Service würden zusätzlich das Ihre tun.
— Die EG-Märkte sind gegenüber den Entwicklungsländern stärker zu öffnen. Mittelfristig nützt es überhaupt

nicht, sondern schadet der deutschen Wirtschaft nur, daß sich die Deutschen beispielsweise zum viertgrößten Agrarexporteur unter allen Nationen entwickelt haben. Denn dies geschah unter dem Schirm des Protektionismus auf Kosten der Entwicklungsländer. Zwar räumte die EG 1979 den Entwicklungsländern für ca. 320 landwirtschaftliche Verarbeitungserzeugnisse Präferenzen in Form von Zollsenkungen ein. Davon waren allerdings nur 74 Positionen zollfrei. Zollfreiheit genossen Produkte wie Froschschenkel, Zierfische, Meerrettich und Kokosnüsse. Für landwirtschaftliche Grunderzeugnisse (EG-Marktordnungsprodukte) gewährte die EG dagegen keine Handelspräferenzen. Lediglich die 28 ärmsten Entwicklungsländer wurden bei allen Präferenzprodukten vollständig von den Zöllen befreit. Diese Länder sind indes selten in der Lage, konkurrenzfähig auf den EG-Märkten anzubieten. Alles in allem ist die Behinderung der Entwicklungsländer auf den europäischen Märkten nicht zu übersehen. Nur wenn den Entwicklungsländern die EG-Märkte stärker geöffnet werden, können sich diese Länder die notwendigen Devisen beschaffen, um hochwertige industrielle Produkte zu kaufen.

— Die bisher praktizierte Subventionspolitik in der Bundesrepublik und in der EG muß konsequent abgebaut werden und durch neue zukunftsorientierte Maßnahmen ersetzt werden. Im Zusammenhang mit der Verbesserung der Wettbewerbsfähigkeit der europäischen Stahlindustrie könnte schon bald ein erfolgversprechendes Konzept praktiziert werden. Anhand einer sorgfältigen Analyse werden die zukunftsträchtigen europäischen Stahlstandorte, die im Prinzip ohne Subventionen auskommen, festgelegt. Die anderen werden stillgelegt. Für diese Standorte sollen in anderen Bereichen zukunftsträchtige Arbeitsplätze geschaffen werden. Die

EG legt hierfür Gemeinschaftsanleihen auf. Dies kann ein erster sinnvoller Schritt werden, um von den nicht zu finanzierenden und ökonomisch ineffizienten Erhaltungssubventionen zu Gestaltungssubventionen zu kommen, die allerdings zeitlich begrenzt und degressiv gestaltet sein müssen.

Der erforderliche Anpassungsprozeß an den weltweiten Strukturwandel muß in der Bundesrepublik vor allem durch den technischen Fortschritt und die unternehmerische Innovationsfähigkeit vorangetrieben werden – eingebunden in einen ausreichenden Spielraum für die gestalterischen und schöpferischen Kräfte der Menschen an ihrem Arbeitsplatz. Wie läßt sich dieser Motor aber auf Touren bringen, wenn die Skepsis gegenüber technischen Neuerungen in der Bundesrepublik zunimmt?

3. Technischer Fortschritt und Innovationen

Nach dem Zweiten Weltkrieg herrschte in der Bundesrepublik lange Zeit die Meinung, daß unser Wohlstand weitgehend durch neue Technologien, durch Innovationsfreudigkeit sowie durch menschlichen Arbeitswillen und Tatendrang geschaffen worden ist. Diese Faktoren wurden einst allgemein als Treibsatz zur Anpassung an den Strukturwandel und zur Verbesserung der Wettbewerbsfähigkeit der deutschen Wirtschaft angesehen. Zudem wurden technischer Fortschritt, Innovationen und der Leistungsgedanke bejaht. Im Laufe der Zeit hat sich hierin einiges geändert.

Laut einer Allensbacher Umfrage „glaubten“ 1980 nur noch 31 Prozent der Bevölkerung an den technischen Fortschritt, während es 1972 immerhin noch 60 Prozent waren. 1966 hielten sogar 72 Prozent die Technik eher für einen Segen als für einen Fluch für die Menschheit. Dennoch scheint die Bewältigung der Zukunft ohne neue Technologien für viele Menschen in der Bundesrepublik auch heute noch kaum erreichbar zu sein. Auf die Frage „Welchen Ländern räumen Sie die größten Zukunftschancen ein?" wurden am häufigsten genannt Japan (73 Prozent), die Bundesrepublik Deutschland (64 Prozent) und die USA (43 Prozent). Als die wichtigsten Kriterien für diese Bewertung wurden einmal angegeben: „Moderne Technologie", „Innovationsfähigkeit" und „Hohe Produktqualität" – also der technische Fortschritt und artverwandte Einflüsse.

Zum anderen wurden aber auch „Fleiß und Disziplin" der Arbeitnehmer und die Qualität des Managements als wesentlich für die Bewältigung der Zukunft angesehen – also die Qualität menschlicher Arbeit, das human capital einer Volkswirtschaft. In beiden Bewertungskategorien schnitt Japan am besten ab. Um die Zukunft zu bewältigen, ist dies auch notwendig. Denn: Neue technische Systeme können nur dann entscheidende Verbesserungen bringen, wenn die gesellschaftliche Einstellung zur neuen Technik grundsätzlich positiv ist, mag sie auch im Einzelfall negativ sein. Das heißt: Es ist sorgfältig abzuwägen, ob alles, was technisch möglich ist, auch menschlich verantwortet werden kann. Die Gefahren der Zukunft liegen nicht im technischen Fortschritt selbst, sondern im Unvermögen einer Gesellschaft, den technischen Fortschritt als Chance für den Menschen zu nutzen.

Obwohl also der technische Fortschritt, die Innovationen und das human capital als Leitstrahl für unsere Zukunft angesehen werden, hat – wie Umfragen immer wieder ergeben – die Skepsis gegenüber technischen Neuerungen zweifellos zugenommen. Gleichzeitig wird der Forderung nach Leistungswilligkeit und Leistungsfähigkeit mit immer mehr Unbehagen und Ablehnung begegnet. Der technische Fortschritt und der Leistungsgedanke sind ins Zwielicht geraten. Schlagworte der Grünen, die nicht zuletzt wegen der technologischen Entwicklung von der „Selbstmordgesellschaft“ sprechen, oder Äußerungen einiger Unternehmer, die meinen, die Technikfeindlichkeit sei heute so ausgeprägt, daß sie einem Rückfall ins Mittelalter gleiche, führen allerdings in die Irre. Sie überdecken die ambivalente Haltung der Bürger. So ist die Beurteilung durch die Bürger gespalten: Technischer Fortschritt bedeutet nämlich für sie Furcht und Hoffnung zugleich. Zweifellos hat die Entwicklung der Technik Sorgen und Ängste ausgelöst, und diese haben in den letzten Jahren zugenommen, aber dem technischen Fortschritt werden auch positive Aspekte zugerechnet.

Die Befürchtungen konzentrieren sich auf zwei Auswirkungen: auf die steigende Arbeitslosigkeit und die zunehmende Umweltgefährdung (bzw. auf das zunehmende Umweltgefährdungspotential, z. B. bei der Kernenergie). Die positiven Urteile beziehen sich u. a. auf die Verbesserung der Qualität der Arbeitsplätze. Eine Repräsentativbefragung von Infratest Ende 1980 zeigt diese ambivalente Haltung recht deutlich.

Zudem scheint folgender Zusammenhang zu bestehen:

Auswirkungen der Technik auf die Arbeitsplätze

Die Technik . . . (Mehrfachnennungen möglich)	richtig	falsch
	in Prozent	
sichert Arbeitsplätze	10	37
schafft neue Arbeitsplätze	15	25
macht die Arbeit interessanter	26	15
befreit von geistiger Routinearbeit	27	19
erschwert die Arbeit, verlangt mehr Konzentration	37	13
führt zur Arbeitslosigkeit	41	12
macht die Arbeit monoton	44	7
erhöht die Sicherheit am Arbeitsplatz	47	10
macht körperliche Arbeit leichter	81	1

Je „produkionsnäher“ die Befragten arbeiten, je konkretere Erfahrungen sie mit der Technik gemacht haben, desto höher ist der Anteil der positiven Urteile über die tatsächlichen Auswirkungen auf die eigene Arbeit und desto geringer sind die Ängste und Befürchtungen wegen möglicher künftiger Auswirkungen der Technik. Dies ist plausibel. Denn belastend wirken sich die inhumanen Zwischenstufen des technischen Fortschritts aus. Nach einiger Zeit kommt es dann in der Regel bei den Arbeitsbedingungen zu spürbaren Verbesserungen. Außerdem sollte nicht verkannt werden, daß die Umweltbelastungen vielfach nur mit Hilfe des technischen Fortschritts sinnvoll reduziert werden können. So ist beispielsweise ein modernes Stahlwerk zweifellos wirtschaftlicher, humaner und umweltfreundlicher als ein altes. Das bedeutet aber: Die sogenannte Technikskepsis basiert nicht so sehr auf persönlicher Erfahrung, sondern vielmehr auf Informationen aus zweiter Hand, auf einer „organisierten“ Technikfeindlichkeit.

Dieses Argument könnte auch eine Erklärung sein, warum der Widerstand gegen Kernkraftwerke merklich zugenommen hat. Die Sprecher der Kernkraftgegner führen in den Medien stark beachtete, gut „organisierte“ Antikernkraftkampagnen (ihr gutes Recht, solange sie friedlich verlaufen); da die Bürger mögliche positive Aspekte der Kernkraft aber nicht konkret erfahren können, stoßen die „Anti-Kernkraftfeldzüge“ in ein Vakuum und können sich leicht ausbreiten. Diese Überlegung hat überhaupt nichts mit der Frage der Berechtigung oder Nichtberechtigung von Kernkraftwerken zu tun, sondern soll nur als ein Argument (unter anderen) zur Erklärung der deutlich gestiegenen Ablehnung der Kernkraft verstanden werden.

Die gestiegene Skepsis gegenüber technischen Neuerungen ging mit abnehmenden Innovationsanstrengungen der Wirtschaft einher. Die Innovationsfähigkeit der Unternehmen wurde aufgrund von wirtschaftlichen, gesellschaftlichen und politischen Tendenzen erschwert. Der im Sinne Schumpeters dynamische Unternehmer, der nach Neuerungen suchende und diese dann in Investitionen umsetzende Unternehmertyp, droht in der Bundesrepublik zwar nicht auszusterben, wird politisch aber immer mehr reglementiert. Zudem scheinen Unternehmer bequemer geworden zu sein. Allerdings soll nicht verkannt werden, daß das Wirtschaftsgeschehen zusehends komplizierter und wohl auch störungsanfälliger geworden ist, so daß eine sorgfältige und umfassende Risikoabwägung erforderlich ist.

— J. A. Schumpeter hat auf die Gefahren, die zu einem Verlust der eigentlichen Unternehmerfunktion führen, schon vor 40 Jahren hingewiesen. Nach seinen Erwartungen ist der einzelne Unternehmer irgendwann nicht mehr der Träger wirtschaftlichen Fortschritts, er setzt nicht mehr „die Dinge in Gang". Denn je mehr Erfinden im Rahmen geschulter Spezialistengruppen zur Routinesache erklärt wird, desto weniger zählen unternehmerische Persönlichkeit und Willenskraft. In der modernen industriellen Großunternehmung treten an die Stelle schöpferischer Unternehmer Manager und Technokraten. Je stärker die wirtschaftspolitischen Entscheidungsträger in der Bundesrepublik mittelständische Unternehmer benachteiligen, desto mehr fehlt es an Rückenwind für den technischen Fortschritt, für die notwendigen Innovationen und Investitionen. Nach Schumpeter droht der Wirtschaft unter diesen Umständen eine zunehmende Sozialisierung.

— Folgt man Pater Basilius Streithofen, so ist Schumpeters Prophezeiung schon in bedenklichem Umfang eingetreten: „Mir sind in den letzten Jahren Manager von Großunternehmen begegnet, die genauso gut ein Kombinat in der UdSSR leiten könnten, weil sie alles auf den Staat abwälzen. Und die Mentalität mancher Manager in Großunternehmen ist mit der Mentalität russischer Manager austauschbar ... Ich vermisse bei manchem Spitzenmanager der Wirtschaft ein marktwirtschaftliches Denken."

Dieses marktwirtschaftliche Denken erfordert eine große Zahl schöpferischer, ideenreicher, risikotragender Unternehmer. Nun sind Klein- und Mittelbetriebe nicht zuletzt durch die staatliche Wirtschaftspolitik in die Zange genommen worden: Einmal sind Großunternehmen bevorzugte Adressaten staatlicher Subventionen gewesen, und zum anderen wurden durch die staatliche Bürokratie insbesondere mittelständische Betriebe belastet. Dies alles geschah nicht nur in der Bundesrepublik, sondern auch in anderen Industrieländern – wie recht hatte doch Schumpeter!

Selbständige in der EG
– einschließlich der mithelfenden Familienangehörigen –

Von 1 000 Erwerbstätigen waren selbständig in ...	1960	1980	Veränderung in Prozent
Italien	425	278	– 34,6
Irland	394	254	– 35,5
Frankreich	305	166	– 45,6
Belgien	262	162	– 38,2
Dänemark	237	160	– 32,5
Bundesrepublik	228	136	– 40,4
Niederlande	220	102	– 53,6
Großbritannien	74	76	+ 2,7
EG insgesamt	249	158	– 36,5

Mag auch ein entscheidender Grund für diese Entwicklung die abnehmende Bedeutung der Landwirtschaft sein, so weist dieser Trend außerdem auf andere Ursachen hin: auf die mittelstandsunfreundliche Wirtschaftspolitik des Staates und die mangelnde Risikobereitschaft in der Gesellschaft. Sicherlich keine gute Grundlage, um die Innovationskraft der deutschen Wirtschaft zu stärken. Ausreichende Innovationsfähigkeit und Innovationsfreudigkeit sind eine entscheidende Voraussetzung der Unternehmen, wenn die Wettbewerbsfähigkeit der deutschen Wirtschaft wieder verbessert werden soll.

Auf ein Nachlassen der Innovationsfähigkeit deutscher Unternehmen deutet die Entwicklung der Bilanz der Lizenzen und Patente hin – sie rutschte immer mehr ins Minus. Fehlen uns Ideen? Sind wir nicht mehr in der Lage, mit unserem Erfindergeist und unserem Einfallsreichtum mit dem Ausland zu konkurrieren? Immerhin ist die Zahl der Patentanmeldungen in Japan und in den USA um ein Mehrfaches höher als in der Bundesrepublik. Auch wenn ein echter qualitativer und quantitativer Vergleich kaum möglich ist, darf dieser Sachverhalt nicht verharmlost, sondern muß sorgfältig überprüft werden.

Bilanz der Lizenzen und Patente

Im Durchschnitt der Jahre	Einnahmen	Ausgaben	Saldo
1960 – 1964	200	613	– 413
1965 – 1969	368	921	– 553
1970 – 1974	610	1 510	– 960
1975 – 1979	854	2 254	– 1 400
1980/81	1 167	2 645	– 1 478

Es gibt in der Bundesrepublik im Zusammenhang mit Innovationen eine Reihe von Hemmnissen: technische, personelle, aber auch sozial- und politikbedingte.

So meldet das Ifo-Institut München grundsätzliche Bedenken gegen die staatliche Forschungs- und Entwicklungspolitik an: „In einer Marktwirtschaft ist es Aufgabe der Unternehmen, Innovationen durchzuführen und das damit verbundene Risiko zu tragen. Jeder Eingriff des

Staates – und auch die Förderung stellt einen Eingriff dar – stört den Wettbewerb und bedarf einer Legitimation." Diese Legitimation dürfte im Fall der direkten und projektgebundenen Förderung nur in ganz wenigen Fällen wirklich gegeben sein. Aber auch die indirekten Forschungs- und Entwicklungshilfen des Staates bedürfen einer sehr sorgfältigen Prüfung. Fehlt es den als unumgänglich erachteten indirekten Fördermaßnahmen an „Breite", schaden diese Hilfen mehr, als sie nutzen, da sie den Wettbewerb über längere Zeit hinweg verzerren können und damit fast zwangsläufig immer mehr staatliche Förderanstrengungen auslösen.

Die Vergangenheit lehrt, daß es in der Bundesrepublik an dieser Breite fehlte. Unternehmen mit mehr als 10 000 Beschäftigten – das sind deutlich weniger als 10 Prozent der Firmen in der Bundesrepublik – bekamen 1975 65 Prozent der staatlichen Mittel im Forschungs- und Entwicklungsbereich. Diese eindeutige Bevorzugung von Großunternehmen ist wohl eine systemimmanente Schwäche staatlicher Wirtschaftsförderung – insbesondere der direkten Förderung. Denn: Werden Großunternehmen bedacht, gibt es vergleichsweise große Förderbeträge und damit wenig Fälle für die Behörden zu bearbeiten. Außerdem ist es für Politiker oft öffentlichkeitswirksamer, den „Großen" unter die Arme gegriffen zu haben.

Diese Konzentration der Fördermittel bedeutet, daß die Politiker unsere marktwirtschaftliche Ordnung schwächen und die Prognose Schumpeters zum Selbstgänger werden lassen. Die einseitige Inanspruchnahme der Fördermittel beinhaltet keinen Vorwurf gegenüber Großunternehmen. Um nicht falsch verstanden zu werden: Es ist ein gutes Recht der Unternehmen, nach Größe und mehr Marktanteilen zu streben. Das ist ebenso legitim wie etwa das Erwirtschaften von Gewinnen. Großunternehmen können gegenüber kleineren Unternehmen überdies wirtschaftliche Vorteile besitzen; so ist beispielsweise ihr Behauptungsvermögen im internationalen Wettbewerb in der Regel höher. Die Vorteile von Großunternehmen sollen durchaus bestehen bleiben und damit konsequenterweise auch die Großunternehmen selbst. Um aber Schumpeters Prognose und Streithofens Analyse wirksam zu „unterlaufen", brauchen wir eine Vielzahl von kleinen und mittleren Unternehmen. Dafür ist allerdings eine Politik unabdingbar, die nicht mittelstandsbenachteiligend wirkt. Die bisher praktizierte mittelstandsunfreundliche Politik kann selbst das robusteste mittelständische Unternehmen in seiner Existenz gefährden. Eine „mittelstandsdurchlässige" Forschungs- und Förderpolitik, die restriktiv gefahren wird, würde dagegen der Innovationskraft der Wirtschaft und damit ihrer Wettbewerbsfähigkeit zugute kommen.

Die wirtschafts- und gesellschaftspolitisch geführten Frontalangriffe gegen den technischen Fortschritt und gegen die unternehmerische Innovationstätigkeit hinterließen bei den Investitionen tiefe Spuren – insbesondere in der ersten Hälfte der 70er Jahre. Es kam zu einer Investitionslücke, die die Wettbewerbsfähigkeit der deutschen Wirtschaft erheblich beeinträchtigte. Immerhin stagnierten die realen Anlageinvestitionen der Bundesrepublik von 1970 bis 1975 weitgehend, während sie in den 60er Jahren um rd. 5 Prozent zunahmen und von 1976 bis 1980 wiederum ca. 5 Prozent wuchsen. 1981 und 1982 ist die Entwicklung wieder ungünstiger gewesen. Die realen Anlageinvestitionen schrumpften sogar. Der Ausfall während der ersten Hälfte der 70er Jahre wurde also in der Folgezeit nicht „rückgängig" gemacht.

Damit Innovationen und Investitionen wieder Rückenwind erhalten, sollte schließlich folgendes berücksichtigt werden:

— Das Innovationspotential muß in unserem Land stärker ausgeschöpft werden. Niedersachsen hat in Hannover ein „Erfinderzentrum“ eingerichtet, das diesem Ziel sicherlich dienen wird.

- Der Technologietransfer, d. h. die Übertragung der Kenntnisse von den Großforschungseinrichtungen in Wissenschaft, Wirtschaft und Verwaltung auf die große Zahl der gewerblichen Nutzer, muß verbessert werden.
- Innovationen müssen konsequent zur breiten Anwendung gebracht werden, ein Beispiel ist die Magnetschwebebahn. Die Japaner zeigen uns, was man auf dem Gebiet alles erreichen kann, wenn man nur zielstrebig handelt: „Deutsche forschen – Japaner entwikkeln.“
- Insbesondere in der Forschungsförderung müssen staatliche Maßnahmen rasch und umfassend auf indirekte Hilfen, z. B. auf steuerliche Anreize, umgestellt werden.

4. Human Capital

Neben dem technischen Fortschritt und der Innovationsfreudigkeit ist die Qualität menschlicher Arbeitskraft der dritte Eckpfeiler für die Leistungs- und Wettbewerbsfähigkeit und damit für die zukünftigen Chancen eines Landes, das sich in der Situation der Bundesrepublik befindet. Auch hier liegt bei uns einiges im argen.

Die Menschen wurden in ihrem Berufsleben in den vergangenen Jahren von bahnbrechenden Veränderungen und Umwälzungen betroffen. Einmal erforderte der weltweite Strukturwandel eine Vielzahl von Reaktionen auch auf dem Arbeitsmarkt. Zum anderen wurden Werte wie Freiheit und Freizeit im Vergleich zur Arbeit immer höher eingeschätzt. Die Konsequenz war: Leistung, berufliche Tätigkeit und positive Einstellung zur Arbeit wurden zwar nicht als entbehrlich angesehen, sie traten aber ins zweite

Glied zurück. Während 1957 noch 70 Prozent der Männer Erfolg im Beruf für wichtig hielten, sind es heute nur noch 41 Prozent. Schließlich griff die Bildungs- und Arbeitsmarktpolitik in erheblichem Umfang in die Beurteilung des Geschehens auf dem Arbeitsmarkt ein. So erhielt in den 70er Jahren die schulische Ausbildung eindeutig Vorrang vor der beruflichen. Insbesondere wurde die akademische Ausbildung in einem Maße begünstigt, das weder wirtschaftlich effizient noch gesellschaftlich und individuell befriedigend ist.

In der Vergangenheit sind Akademiker vor allem im öffentlichen Dienst (Bildung, Wissenschaft, Gesundheitswesen) vertreten gewesen. Wenn nun der Staat bestrebt ist, seine Staatsfinanzen zu konsolidieren, geht dies auch zu Lasten der traditionellen Tätigkeitsfelder der Akademiker. Bisher erhöhte die gewerbliche Wirtschaft ihre Akademi-

Erwerbstätige nach Wirtschaftsbereichen

	1960	1980	Veränderung
	in 1 000		in Prozent
Land- und Forstwirtschaft, Fischerei	3 581	1 518	− 57,6
Warenproduzierendes Gewerbe insgesamt	12 497	11 528	− 7,8
davon			
Energie- und Wasserversorgung, Bergbau	747	473	− 36,7
Verarbeitendes Gewerbe	9 624	9 015	− 6,3
Baugewerbe	2 126	2 040	− 4,0
Handel und Verkehr[1]	4 759	4 668	− 1,9
Dienstleistungsunternehmen	2 381	3 423	+ 43,8
Staat	2 098	3 798	+ 81,0
Private Haushalte	764	806	+ 5,5
Erwerbstätige insgesamt	26 080	25 741	− 1,3

[1] einschließlich Bundesbahn und Bundespost.

kernachfrage nur unwesentlich. Damit werden wir einschneidende Folgen der bildungspolitischen Aktivitäten der 70er Jahre noch erst zu spüren bekommen.

Die anhaltenden (weltweiten) Strukturverschiebungen führten dazu, daß der primäre Sektor (die Landwirtschaft) und der sekundäre Sektor (der gewerblich-industrielle Bereich) in der Vergangenheit zurückgegangen sind, während die Dienstleistungsunternehmen und der Staat außerordentlich hohe Zuwächse zu verzeichnen haben.

Noch einschneidender als diese globalen Trends sind Verschiebungen innerhalb der großen Wirtschaftsbereiche. Als besonders anschauliches Beispiel seien die veränderten Berufsbilder im deutschen Druckgewerbe erwähnt. So haben die neuen Techniken den traditionellen Beruf des Setzers immer weiter zurückgedrängt. Der Strukturwandel erfordert von den Beschäftigten ein höheres Maß an Flexibilität und Mobilität als noch vor einer Generation. Denn die Anpassung auf dem Arbeitsmarkt kann nicht allein über die „Neuankömmlinge" erzielt werden. Auch die bereits im Erwerbsleben Stehenden müssen heute weit mehr als früher neue Tätigkeitsfelder im Verlaufe ihres Berufslebens übernehmen.

Volkswirtschaftliche Wirtschaftsstrukturen im internationalen Vergleich

	Von 1 000 Erwerbstätigen arbeiteten im Bereich … Land- und Forstwirtschaft, Fischerei		Produzierendes Gewerbe		Dienstleistungen	
	1960	1980	1960	1980	1960	1980
Bundesrepublik	86	60	493	448	421	492
Großbritannien	32	26	448	380	520	594
Italien	203	142	397	378	400	480
Frankreich	139	88	396	359	465	553
Japan	175	105	356	353	469	542
USA	45	36	343	306	612	658

Welcher Strukturwandel uns im großen und ganzen wahrscheinlich noch bevorsteht, zeigt sich im Vergleich mit anderen Industrieländern. Fast jeder zweite Erwerbstätige arbeitet bei uns noch im sekundären Bereich – im produzierenden Gewerbe –, während es in anderen Ländern nur noch jeder dritte ist. (Dies ist nicht zuletzt eine Folge der jahrzehntelangen Unterbewertung der DM.)

Einen Zustand wie in den USA werden wir möglicherweise in absehbarer Zeit nicht erreichen. Denn deutsche Unternehmen werden im Vergleich zu amerikanischen sogenannte tertiäre Funktionen – wie Forschung und Entwicklung oder Marketing – vielleicht auch in Zukunft stärker selbst ausüben. Außerdem scheinen die USA die gewerbliche Wirtschaft vernachlässigt zu haben. Jedenfalls fordern namhafte amerikanische Wissenschaftler, Politiker und Institutionen eine Reindustrialisierung der USA.

Sicherlich sind die gewerblich-industriellen Erzeugnisse und Investitionen das Fundament für Ansprüche und Entwicklungen im tertiären Bereich. Aber Dienstleistungen dürfen keineswegs als unproduktiv eingeschätzt werden. Eine zu argwöhnische Betrachtung des tertiären Sektors könnte uns entscheidend in unserer Zukunftsgestaltung einengen – beispielsweise im Bereich der Informationstechniken. Alles in allem zeichnet sich für die deutsche Volkswirtschaft ein gewisser Nachholbedarf gegenüber anderen westlichen Industrieländern in Richtung Dienstleistungsgesellschaft ab. Der strukturelle Anpassungszwang und die damit verbundenen Tendenzen auf dem Arbeitsmarkt werden uns darum auch weiterhin vor große Probleme stellen.

Hier zu akzeptablen Lösungen zu kommen, ist sowohl im volkswirtschaftlichen wie im gesellschaftlichen und persönlichen Interesse der Betroffenen, da mangelnde Flexibilität und Mobilität das Risiko erhöhen, eine Zeitlang ohne Arbeit zu sein. Beispielsweise sollte unser Bildungswesen organisatorisch so gestaltet werden, daß die Bereitschaft zur geistigen und räumlichen Mobilität wieder geweckt wird.

Ein Zuviel an „Unbeweglichkeit“ hat oft persönliche Gründe. Häufig sind es Wohnungs- und Schulprobleme, die einer Arbeitsaufnahme an entfernter gelegenen Orten grundsätzlich im Wege stehen. Nach einer Strukturerfassung der Bundesanstalt für Arbeit ist nur jeder siebte Arbeitslose bereit, sich überregional vermitteln zu lassen.

In der ersten Phase der Arbeitslosigkeit – so lange, wie Arbeitslosengeld gezahlt wird – dürfte die Mobilität teilweise auch deshalb relativ gering sein, weil die „magere“ Differenz zwischen dem Arbeitslosengeld und dem Einkommen am neuen Arbeitsort nicht selten einen Ortswechsel verhindert. Wegen der geringen überregionalen Vermittlungsbereitschaft bleiben verständlicherweise auch die Maßnahmen der Bundesanstalt für Arbeit zur Fort- und Weiterbildung in ihrer Wirkung begrenzt.

Die Notwendigkeit der Fort- und Weiterbildung betrifft nicht nur Arbeitnehmer, die seit längerem im Berufsleben stehen, sondern gilt auch für die Neuhinzukommenden. Wer heute eine Ausbildung abschließt, dem kann keiner sagen, ob er seinen Beruf bis an das Ende seines Arbeitslebens ausüben wird, selbst wenn Berufsprognosen dies „versprechen“ sollten. Die euphorischen Hoffnungen, die vor gar nicht langer Zeit in Berufsprognosen gesetzt worden sind, haben sich in der Regel nicht erfüllt. Auch namhafte Forschungsinstitute lagen mit ihren Vorhersagen oft völlig daneben. So wurde Mitte der 70er Jahre in einer wissenschaftlichen Untersuchung für 1981 ein merklicher Ingenieurüberschuß angekündigt, der sich bis 1990 verdreifachen sollte. Heute dagegen warnen Unternehmen und Verbände vor einem gefährlichen Ingenieurmangel. Dabei wäre ein ausreichendes Angebot an qualifizierten Ingenieuren eine wichtige Voraussetzung für die volle Lebensfähigkeit unserer Volkswirtschaft. Der technische Wandel und die verschärfte Konkurrenzsituation auf den Weltmärkten zwingen die deutsche Wirtschaft zu erhöhten innovatorischen Anstrengungen. Dies ist nicht zuletzt auch eine Herausforderung an die deutschen Ingenieure. Der nordrhein-westfälische Wissenschaftsminister Hans Schwier schlug kürzlich Alarm: „Es darf nicht dazu kommen, daß wir neben Autos bald auch noch japanische Ingenieure importieren müssen." Aufgrund schlechter Erfahrungen wendet sich indes die Deutsche Angestellten-Gewerkschaft (DAG) gegen Übertreibungen. „Die Lehrerschwemme sollte ein mahnendes Beispiel sein, nicht wieder allzu leichtfertig eine Mangelsituation herbeizureden, die bildungspolitische Fehlentwicklungen auslöst."

Apropos Ingenieurbedarf und Fehlentwicklungen: Der Anteil der Abiturienten, die ein ingenieurwissenschaftliches Studium begannen, ist zwar seit längerem rückläufig, aber auch 1980 lag ihr Anteil bei 20 Prozent. Das ist nicht wenig. Quantität muß aber noch nicht unbedingt etwas über Qualität aussagen. Das trifft nicht zuletzt auf dem Bildungssektor zu. Was nutzt der hohe Anteil an Studenten der Ingenieurwissenschaften, wenn wichtige „Voraussetzungen" fehlen. So stellte Professor Josef Hitpass fest: Würde man bei Abiturienten die Leistungskombination Mathematik/Physik als optimale Voraussetzung für ein Ingenieurstudium ansehen, dann würde dieses Merkmal nur auf 6 Prozent der Studenten in diesem Bereich zutreffen. Selbst wenn man neben Mathematik und Physik noch das Fach Chemie einbeziehen würde, sieht es nicht viel günstiger aus. Es muß fast wie „russisches Roulett" anmuten – so Josef Hitpass –, wenn man die Abiturprofile der Ingenieurstudenten sieht. Dies hat die praktizierte Bildungspolitik mitzuverantworten. Mathematik, Physik und Chemie wurden abgewählt, um auf „billige" Art gute Noten erzielen zu können.

Den Bildungspolitikern, nicht den Jugendlichen ist dies vorzuwerfen. Die Jugendlichen handeln nach dem ökonomischen Prinzip: ein bestimmtes Ziel mit dem geringstmöglichen Aufwand zu erreichen. Selbstverständlich ist der leichtere Weg zum Abitur keinesfalls der beste. Das hätten die Bildungspolitiker bedenken müssen.

Hinzu kommt noch, daß die Technikskepsis in jungen Jahren – also nicht zuletzt während der Schulzeit – besonders ausgeprägt ist und erst später zurückzugehen beginnt.

Es scheint auch beim Ingenieurstudium selbst nicht alles optimal zu laufen. Das Studium dürfte zu wenig praxisorientiert sein. Jedenfalls gaben laut einer Infratest-Befragung im Jahre 1980 nur etwas mehr als die Hälfte (57 Prozent) der interviewten Diplomingenieure an, sie könnten das im Studium erworbene Wissen beruflich gut verwerten. Ein Jahr zuvor ermittelte die Bundesanstalt für Arbeit sogar ein noch größeres Praxisdefizit bei Fachhochschul-Ingenieuren: Nur 41 Prozent bejahten die gute Verwertbarkeit.

Eine zu starke Abkoppelung des Bildungs- vom Beschäftigungssystem ist inhuman, weil sonst die Jugend durch Fehlqualifizierung in Konflikte und Enttäuschungen gestürzt wird. Das heißt keineswegs, daß der Bildungssektor in einem einseitigen Akt unreflektiert an die Anforderungen der „Praxis“ angepaßt werden soll. Berufliche Ansprüche und schulische Forderungen sind sinnvoll miteinander zu verzahnen.

Weder Bildungs- noch Arbeitsmarktpolitiker können dem einzelnen einen „todsicheren Tip“ für die richtige Berufswahl geben.

Die „allwissenden“ Bildungspolitiker vergessen viel zu leicht, den jungen Menschen zu sagen, daß letztlich der einzelne selbst die Verantwortung für seinen beruflichen Werdegang trägt und ihm auch keiner diese Verantwortung abnehmen kann. Gerade in unserer Zeit muß jeder vor dem „Sprung ins Erwerbsleben“ Stehende, aber auch jeder schon in der Arbeitswelt Tätige aufgrund eigener Überlegungen entscheiden, wie er seine individuellen Wünsche, Vorstellungen, Fähigkeiten und Leistungen am besten zur Geltung bringen kann. Nur so wird er den strukturellen Anforderungen auf dem Arbeitsmarkt gewachsen sein. Dabei muß der einzelne soviel Flexibilität und Mobilität wie möglich erreichen: Es wird in der Zukunft immer weniger „Erbhöfe“ auf dem Arbeitsmarkt geben. Der Staat kann nur Flankenschutz gewähren, er kann Anreize für mehr Flexibilität, Mobilität und Höherqualifikation geben. Daneben sind die Tarifparteien aufgefordert, unser Human-capital-Potential mehr auszuschöpfen, z. B. durch längere Freizeiten zur Fort- und Weiterbildung.

Die Standbeine technischer Fortschritt, Innovationskraft sowie die durch Ausbildung und Fortbildung erreichte Qualität der menschlichen Arbeitskraft reichen für die Bundesrepublik nicht aus, um den Herausforderungen des weltweiten Strukturwandels erfolgreich Paroli zu bieten und um international wettbewerbsfähig zu bleiben. In den 70er Jahren wurde in der Bundesrepublik zwar auch noch immer mehr Leistung verlangt, aber von immer weniger Menschen. Dieser Abbau der allgemeinen Leistungsbereitschaft und Leistungsorientierung brachte, wie die Vergangenheit lehrt, Nachteile vielfältiger Art mit sich. „Aussteigen“ ist zur Mode geworden, wenn auch nur für Minderheiten. Aber selbst Minderheiten können die Gesamtbilanz beeinträchtigen. Dies zeigt auch die Erfahrung in anderen Ländern. So wird in den Planwirtschaften des Ostens, in denen die individuellen Leistungsanreize verhältnismäßig wenig ausgeprägt sind, immer mehr ausgestiegen, und zwar auf eine ganz spezielle Art: Die Arbeitszeit wird durch Verspätung, Einkäufe und Bummelei „teilprivatisiert“.

Hier zieht man aus den schlechten Erfahrungen seine Lehren. In China wurde während der Kulturrevolution das Leistungsprinzip durch das „Prinzip des politischen Bewußtseins“ ersetzt. Die Unterschiede zwischen Armen und Reichen sollten radikal beseitigt werden. In den Betrieben wurde nicht mehr nach Leistung entlohnt, sondern wer mehr arbeitete, wurde gelobt: Er bekam ein rotes Banner, eine Urkunde oder andere „Lobeshymnen“. In der Rückschau bezeichnet man in China diesen Ansatz als Irrweg. Der Wegweiser für Wohlstand oder „glückliches Leben“ heißt heute Arbeit und Leistung. Selbstverständlich wird aber ein Leistungsdruck, der einen unmenschlichen Konkurrenzkampf zur Folge hat, abgelehnt.

Wir Deutschen sollten dies zur Kenntnis nehmen. Wenn in den vergangenen Jahren in der Bundesrepublik bei vielen Freiheit und Freizeit bzw. Beschäftigung in der Freizeit vor dem Wert Arbeit an die erste Stelle gerückt sind, so ist dies als persönliche Entscheidung zu akzeptieren. Zumal dies nicht Arbeits- und Leistungsunwilligkeit bedeuten muß. Mancher Bürger arbeitet freiwillig in seiner Freizeit – für Wohnung und Garten wird oft viel Eigenarbeit aufgewendet. Wenn allerdings – wie es in den 70er Jahren der Fall war – durch Maßnahmen im politischen Raum Hemmnisse für die Leistungswilligen aufgebaut wurden, z. B. durch die steigende Abgabenbelastung oder durch bildungspolitisch ausgelöste Verwerfungen, dann sind die Weichen eindeutig falsch gestellt worden.

Die Überbewertung schulischer und akademischer Ausbildung – insbesondere die bildungspolitische Euphorie Anfang der 70er Jahre – hat mit dazu beigetragen, daß die Zahl der Ausbildungsplätze jahrelang zurückging. (Der Anteil der beruflichen Schulen – gemessen am Schüleraufkommen – ist von über 36 Prozent im Jahre 1960 auf weniger als 32 Prozent im Jahre 1980 zurückgegangen.) So kam es in der ersten Hälfte der 70er Jahre nicht nur zu einer

Investitionslücke, sondern auch zu einer Ausbildungslükke. In Zukunft könnte die Ausbildungslücke noch größer werden. Nämlich dann, wenn die geburtenschwachen Jahrgänge der 70er Jahre ins erwerbsfähige Alter kommen und die Bevorzugung der schulischen Ausbildung aufrechterhalten wird.

Die Zahl der Auszubildenden ging nach 1968 über Jahre hinweg spürbar zurück – insbesondere in Industrie und Handel. In diesem Bereich wurde der Tiefpunkt 1976 mit lediglich 611 200 Auszubildenden erreicht, danach löste eine expansive Entwicklung den Schrumpfungsprozeß ab.

Ausgewählte Daten für das Bildungswesen

	1960	1965	1970 in 1 000	1975	1980	Zunahme in Prozent 1970-1980
Schulabgänger						
– Nach Beendigung der Vollzeitschulpflicht			481,1	460,6	505,6	5
– Mit Realschul- oder gleichwertigem Abschluß			200,0	291,3	380,9	90
– Mit Hochschul- oder Fachhochschulreife			87,9	169,5	218,5	149
Auszubildende						
– insgesamt	1 270,8	1 331,9	1 270,1	1 328,9	1 712,7	35
– Industrie und Handel	743,1	752,4	724,9	634,0	786,9	9
– Handwerk	451,6	468,0	420,9	504,7	702,3	67
– sonstige Ausbildungsbereiche	76,1	111,5	124,3	190,3	223,5	80
Studenten an Hochschulen	246,9	308,0	422,0	836,0	1 044,2	147

Es spricht einiges dafür, daß die Durststrecke in der beruflichen Ausbildung den heutigen Facharbeitermangel mitbewirkt hat.

Nachteilig dürfte sich auch die Entwicklung der Leistungs- und Transfereinkommen ausgewirkt haben. Wenn einem Facharbeiter nur wenig mehr Einkommen zur Verfügung steht als einem Hilfsarbeiter, lohnt sich – jedenfalls finanziell – die Ausbildung nicht. Eine Untersuchung des Rheinisch-Westfälischen Instituts für Wirtschaftsforschung in Essen bestätigt diese Problematik. Danach erhöhten sich von 1970 bis 1978 die monatlichen Nettoeinkommen der Gelernten nur um 67,6 Prozent, während die Verdienste der Ungelernten um 77,5 Prozent und die der Angelernten um 72,3 Prozent stiegen. 1978 betrug der Einkommensabstand bei Angelernten und Gelernten lediglich 5 Prozent (bei Ungelernten und Angelernten 20 Prozent).

Es gibt angesichts der geschilderten Tendenzen nur eine Konsequenz, um wirtschaftlich und gesellschaftlich zu überleben: Die – trotz Leistungsfähigkeit – nicht mehr so Leistungswilligen müssen finanzielle Opfer bringen. Das heißt umgekehrt: Wir müssen Arbeit und Leistung angemessen entlohnen, und zwar angemessen nach Quantität und Qualität. Nur so werden die Bedingungen geschaffen, die notwendig sind, damit die Menschen in der Bundesrepublik ihr human capital wieder wirkungsvoll einsetzen. Dieses Umdenken ist dringend notwendig, um den Herausforderungen des weltweiten Strukturwandels gewachsen zu sein.

Fazit: Technischer Fortschritt, Innovationsfähigkeit und menschlicher Einsatzwille bedürfen allesamt der Stimulation, damit wir wirtschaftlich und gesellschaftlich in den nächsten Jahren bestehen können.

5. *Das staatliche Sozialsystem*

In der Bundesrepublik mehren sich die Stimmen, die eine Überprüfung der Sozial- und der Subventionspolitik fordern. Der Wunsch nach Modifizierung ist verständlich, wenn man die Entwicklung in der Nachkriegszeit verfolgt.

— In der ersten Zeit nach dem Zweiten Weltkrieg gab es sicherlich auch in der Bundesrepublik noch viele Bedürftige. Ein breitgespanntes „soziales Netz" hatte damals zweifellos seine Berechtigung. Im Laufe der Jahre ist aber der Wohlstand in unserem Land spürbar gestiegen. Obwohl heute die große Mehrheit der Bürger über die Spitze ihres Einkommens wirklich frei verfügen kann, ist das soziale Netz größer und engmaschiger geworden. So sind die Ausgaben des Staates im Rahmen der Sozialpolitik rasch gestiegen. Neben den finanziellen Vorbehalten wird der staatlichen Sozialpolitik zunehmend der Vorwurf gemacht, die Wahlmöglichkeiten der Bürger einzuschränken und die Bürger in ihrer Eigenverantwortlichkeit zu schwächen.

— In den ersten Jahren nach dem Zweiten Weltkrieg war es gewiß eine richtige Entscheidung, der unter den Kriegsschäden leidenden deutschen Wirtschaft auch mit staatlichen Mitteln „auf die Sprünge zu helfen". Einmal mußten die sichtbaren Zerstörungen des Krieges beseitigt werden. Zum anderen galt es auch, die „unsichtbaren" Kriegsfolgen zu beheben, u. a. mußte die nicht leichte Umstellung der Kriegswirtschaft auf eine Friedenswirtschaft erfolgen.

Trotz dieser schweren Hypothek, die auf der deutschen Wirtschaft lastete, griff der Staat nur in sehr begrenztem Umfang und nur sehr behutsam ein. Die Verantwortung tragenden Politiker setzten bewußt auf die Leistungswilligkeit und Leistungsfähigkeit der deutschen Unternehmer und Arbeitnehmer. Obwohl im Laufe der Zeit die großen Erfolge der Deutschen weltweit Anerkennung fanden – das „Made in Germany" erstrahlte bald in neuem Glanz –, wurden immer neue Subventionen ins Leben gerufen. Vielleicht wollten die Politiker durch staatlichen Aktionismus am deutschen Wirtschaftswunder teilhaben. Der immer stärker um sich greifende Aktionismus wird den Politikern heute zum Vorwurf gemacht. Es wird beanstandet, daß die staatlichen Eingriffe – insbesondere die Subventionen – die Wirtschaft immer mehr verhätschelt und dadurch die eigenen Abwehrkräfte der Unternehmen geschwächt haben. Dies hat schließlich die deutschen Unternehmen bei weltpolitischen und weltwirtschaftlichen Unwettern anfällig gemacht.

Ein Grund, warum staatliche Leistungen ins Gerede gekommen sind, liegt darin, daß sie nach vorn und oben offen sind. Das heißt:

— Einmal erworbene Ansprüche werden zu „Dauerbrennern", zu *Dauersubventionen* oder zu *sozialen Besitzständen auf Lebenszeit.* Klassische Beispiele hierfür sind die Subventionen an die Landwirtschaft oder die lebenslange Besitzergreifung von Sozialwohnungen.
— Staatliche Leistungen sind vielfach nach oben offen. Die Kostenexplosion im Gesundheitswesen oder der Höhenflug der EG-Agrarausgaben bedürfen keines Kommentars. Die Ausuferung staatlicher Leistungen wird durch *Fehlen eines festen Rahmens* vorprogrammiert. Staatliche Leistungen erhalten deshalb sowohl vom Umfang als auch vom Sortiment her viele expansive Impulse. So wird beispielsweise im Gesundheitswesen angesichts der (technischen) Entwicklung in der modernen Medizin der Punkt, an dem eine hinlängliche Gesundheitsversorgung für die Bürger erreicht zu sein scheint, immer wieder hinausgeschoben.

— Beides – die Öffnung staatlicher Leistungen nach vorn und oben – kann gleichzeitig zutreffen. Eine wahrlich kaum noch zu finanzierende Angelegenheit, wie es die nationalen und EG-Agrarausgaben eindrucksvoll belegen.

In jüngster Zeit hat sich die Dynamik staatlicher Leistungen abgeschwächt. Der punktuelle Abbau und Umbau staatlicher Leistungen, wie er seit 1981 geschieht, wurde von den Politikern allerdings aufgrund finanzieller Engpässe bei den öffentlichen Haushalten durchgeführt und nicht, weil die Politiker sich aus prinzipieller Überzeugung „bekehrt" hätten. Nach wie vor wird staatlichen Leistungsansprüchen durch politische und gesellschaftliche Forderungen sowie durch handfeste Gruppen- oder Einzelinteressen Rückendeckung gewährt. Zu nennen sind vor allem folgende Gründe:

— die öffentlichkeitswirksame Forderung nach Gleichheit in allen Lebenslagen,
— die Geschicklichkeit und Ausdauer politischer „Stimmenfänger", die vieles tun, um die nächste Wahl zu gewinnen,
— die protektionistischen „Vergeltungsmaßnahmen" auf internationaler Ebene und der Subventionswettlauf in einem föderativen Staatsgebilde,

Sozialbudget und Sozialleistungsquote

	Bruttosozialprodukt in Mrd. DM	Sozialbudget in Mrd. DM	Sozialleistungsquote[1] in Prozent
1960	303	63	21
1965	458,2	112,7	24,6
1970	679,0	174,6	25,7
1975	1 034,9	330,3	31,9
1980	1 494,0	449,5	30,1

[1] Sozialleistungsquote = Anteil der Sozialausgaben am Bruttosozialprodukt.

— der ständige Sog aus der Bürokratie, die ihre Kompetenzen erweitern und damit ihr Einkommensgefüge verbessern will,
— der Irrglaube: man selbst kassiert, aber die anderen zahlen.

Im Laufe der Zeit sind ein Subventionsdschungel und ein soziales Leistungsnebeneinander entstanden, die an Unübersichtlichkeit kaum noch zu überbieten sind.

Wer finanziert eigentlich die Sozialausgaben? Die Antwort lautet: Alle Bürger sind aufgerufen, ihr „Scherflein" beizutragen. 1980 sah das folgendermaßen aus:

Finanzierung der Sozialausgaben 1980

	in Mrd. DM	Anteil in Prozent
Unternehmen	149,7	32,1
Bund	114,9	24,7
Länder	56,0	12,0
Gemeinden	34,2	7,4
Sozialversicherung	1,3	0,3
Private Organisationen	3,5	0,7
Private Haushalte	106,0	22,8
Übrige Welt	0,1	0,0
insgesamt	465,7	100,0

Es lag 1980 also ein Finanzierungsüberschuß von 16,3 Mrd. DM vor (465,7 Mrd. DM ./. 449,5 Mrd. DM = 16,2 Mrd. DM; Zahlen gerundet). Unser Sozialsystem scheint also finanzierbar zu sein, wenn wir nur wollen. Aber sollen wir wirklich wollen? Schaufeln wir nicht durch ausufernde Sozialansprüche unser eigenes Grab? Diese Frage erfordert zwar auch eine Antwort im Hinblick auf die Finanzierung sozialer Leistungen. Viel wichtiger ist es aber, eine Klärung darüber zu erreichen, ob wir möglicherweise nicht eine wirtschaftliche, politische und gesellschaftliche Falle aufgestellt haben.

Es kann schon heute kaum noch bestritten werden, daß

unser scheinbar gut funktionierendes Sozialsystem erhebliche negative Auswirkungen hat. (Die Folgen unseres Subventionssystems, die ähnlich sind, werden anschließend behandelt.)

- Die Politiker haben sich durch den starken Aufwärtstrend bei den Sozialausgaben vieler Möglichkeiten beraubt, in anderen Bereichen gestalterisch zu wirken. Daß die finanziellen Mittel fehlen, haben wir gerade in der letzten Zeit erfahren müssen. Da helfen auch leichte Korrekturen nicht weiter. Man kann das PS-starke bundesrepublikanische Rennauto „Sozial- und Subventionssystem" nicht einfach durch ein leichtes Anziehen der Handbremse von der Höchstgeschwindigkeit herunterholen. Mehr als die Handbremse haben die Politiker nämlich noch nicht gezogen.
- Der hohe Anteil an Sozialausgaben belastet die Wirtschaft erheblich in ihrer Wettbewerbsfähigkeit gegenüber ausländischen Konkurrenten. Es soll gar nicht verkannt werden, daß Personal- und Sozialkosten nicht die Gesamtkosten ergeben, aber sie sind immerhin ein „großer Brocken". (Im Investitionsgüter produzierenden Gewerbe, das für unsere Ausfuhren wichtig ist, machten 1978 die Personalkosten immerhin ein Drittel der Gesamtkosten aus.) Die hohen Sozialkosten verzerren den Wettbewerb insbesondere zu Lasten der personalintensiven Wirtschaftssektoren.
- Die Bürger werden durch den Staat in eine umfassende soziale Sicherung gehüllt – vielfach weit über die existenzsichernden Ansprüche hinaus. Da es eine „08/15-Sicherung" ist, die sich zudem viel zu sehr an Grundsätzen wie „verbreitete Bedürftigkeit" orientiert, ist sie nicht mehr zeitgemäß. Für viele Bürger ist daher das praktizierte Sozialstaatsprinzip nicht mehr angemessen.
- Mehr Flexibilität und Individualität könnte durch ei-

gene Zusatzversicherungen erreicht werden. Dazu müßte sich der Staat aber zunächst einmal auf die Sicherung im Rahmen einer Grundgarantie beschränken. Dieser Ansatz würde den Bedürfnissen der Menschen in unserem Lande wesentlich gerechter werden.

Es gilt zwar, Sorge für die Hilfsbedürftigen zu tragen, sozial Schwache zu unterstützen sowie das Gemeinwohl gegen Individual- und Verbandsinteressen zu schützen. Hier muß der Staat sozialen Schutz anbieten. Aber unser Sozialsystem ist keine bis an die Decke gefüllte Schatzkammer, deren Schätze großzügig verteilt werden können. Woher sollen die Schätze auch kommen? Die Bürger müssen sie erst einmal selbst schaffen.

Aber: Je verzweigter, je „anspruchsvoller" das durch den Staat verordnete Sozialsystem ist, desto mehr wird der im Wohlstand lebende Bürger, der sich über die existenzsichernden Ansprüche hinaus selbst versichern könnte, entmündigt. Dies hat negative Auswirkungen auf die eigene Schaffenskraft. Gesellschaftliche Grundwerte – wie Eigenverantwortung oder soziales Miteinander – drohen zu verkümmern.

Diese grundsätzlichen Überlegungen sollen am Beispiel des Gesundheitswesens veranschaulicht werden.

Von 1970 bis 1980 stiegen die staatlichen Sozialausgaben um 274,9 Mrd. DM. Allein in den beiden größten Bereichen – „Alter und Hinterbliebene" sowie „Gesundheit" – erhöhten sich die Ausgaben um 203,7 Mrd. DM; das sind drei Viertel der gesamten Zunahme. Auf das Gesundheitswesen entfiel immerhin noch ein Mehrbetrag von 98,9 Mrd. DM. Es erwies sich als Faß ohne Boden. Lediglich die öffentlichen Aufwendungen für Arbeitslose, berufliche Bildung und die sonstigen beschäftigungspolitischen Maßnahmen nahmen prozentual kräftiger zu als die Gesundheitsausgaben.

Struktur der Sozialausgaben

	1970		1980		1970 – 1980
	in Mrd. DM	Anteil in ca. Prozent	in Mrd. DM	Anteil in ca. Prozent	Zunahme in Prozent
Alter und Hinterbliebene	66,6	38,1	171,4	38,1	157
Gesundheit	52,2	29,9	151,1	33,6	189
Familie	32,3	18,5	64,2	14,3	99
Beschäftigung	4,5	2,8	24,5	5,4	443
Sparförderung	6,0	3,5	16,8	3,7	176
Wohnen	5,4	3,1	9,9	2,2	82
übrige Bereiche	7,6	4,4	11,6	2,6	53
Sozialausgaben insgesamt	174,6	100	449,5	100	157

Die vergleichsweise hohe Dynamik der öffentlichen Aufwendungen für das Gesundheitswesen ist also nicht zu übersehen. 1980 waren bereits ein Drittel der Sozialleistungen Ausgaben im Dienste der Gesundheit. Eine ganze Reihe von Faktoren ist für den Ausgabenboom im Gesundheitswesen entscheidend gewesen:

— Gesetzesänderungen, gesundheitliche Forderungen auf breiter Front und die Neigung zu kostspieligen Prestigeobjekten, z. B. im Krankenhausbereich.
— Mangelnde Abstimmung zwischen den Entscheidungsträgern im Gesundheitswesen.
— Das Hochschaukeln der Leistungen durch die Krankenkassen. Viele Kassen werben damit, daß ihre Leistungen am umfassendsten seien. Die finanzkräftigeren Kassen geben dabei den Ton an.
— Die anhaltende Leistungsausweitung der teuren Apparatemedizin zu Lasten der „persönlichen“ Leistungen des Arztes.
— Der rasante Anstieg der Krankenhauspflegesätze. (Die Krankenhauskosten belaufen sich auf 30 Prozent der Gesamtausgaben der Krankenkassen.)

- Die Einkommenssteigerungen der Ärzte bei gleichzeitig zunehmender Ärztedichte. Kamen in der Bundesrepublik 1960 auf einen Arzt im Durchschnitt 700 Einwohner, so waren es zehn Jahre später 610 und zu Beginn der 80er Jahre 470 Einwohner. (Das wissenschaftliche Institut der Ortskrankenkassen rechnet für die Jahrtausendwende mit einer Durchschnittsdichte von 200 bis 250.)
- Die in der Bundesrepublik vergleichsweise teuren Medikamente.
- Die expansiven Verkaufsstrategien der Pharmaindustrie im Arzneimittelbereich.
- Der Irrtum der Patienten, ärztliche Leistungen weitgehend zum Nulltarif in Anspruch nehmen zu können, da nicht beides – Leistungen und Kosten – unmittelbar bei ihnen anfallen.

Die gleichgerichteten Interessen von Gesundheitspolitik, Pharmaindustrie, Krankenkassen, Ärzten und Patienten hatten im Gesundheitswesen eine Überversorgung zur Folge.

Als ein Patentrezept wird immer wieder vorgeschlagen, beim Patienten durch Selbstbeteiligung ein größeres Leistungs- und Kostenbewußtsein zu erreichen. Das mag zwar in Teilbereichen zum vollen Erfolg führen. Eine umfassende Kostenbremse wird dadurch allerdings wohl nicht eingebaut. Jedenfalls gibt es hierfür keinen klaren empirischen Beleg. Zwar gibt es z. B. innerhalb der EG Länder mit und Länder ohne Selbstbeteiligung, aber hohe oder niedrige Pro-Kopf-Ausgaben für Gesundheitsleistungen oder andere vergleichbare Kennziffern lassen sich statistisch nicht in einen eindeutigen Zusammenhang mit dem praktizierten Selbstbeteiligungssystem bringen.

Die Kosten werden im Falle der Selbstbeteiligung des Patienten zunächst einmal lediglich auf eine zusätzliche Schulter verteilt. Je kostenbewußter er ist, desto größer ist sicherlich der Kostendämpfungseffekt. Allerdings besteht die Interessenkongruenz der anderen Gruppen alles in allem weiterhin. Hier kann der Patient nur zusehen. Wie soll er sich erfolgreich wehren, wie soll er wissen, welche Behandlung für ihn richtig und ausreichend ist? Was hat außerdem die Eigenbeteiligung mit den Kosten z. B. der zunehmenden Ärztedichte zu tun? Daß durch die größere Ärztedichte zusätzliche Kosten entstehen, ist zwangsläufig, wenn die Ärzte nicht auf Einkommenssteigerungen verzichten. Doch dies erscheint unwahrscheinlich. Ärzte konkurrieren nicht im üblichen Sinne miteinander.

Auch im Falle der Selbstbeteiligung kann von einem funktionierenden Konkurrenzsystem, einem echten Marktsystem nicht die Rede sein; das Quasi-Marktsystem im Gesundheitswesen bliebe vielmehr weiterhin bestehen. Die Funktionsbedingungen des Marktes werden nicht einfach über die Selbstbeteiligung der Patienten in Kraft gesetzt. Die Einkommen der Ärzte blieben außerordentlich hoch, die Medikamente wären in der Bundesrepublik nach wie vor teuer usw.

Unser Gesundheitswesen ist eine Welt jenseits des Marktes: weitgehend frei von Risiko, Wettbewerb und Marktkontrolle. Es weht kaum der Hauch eines marktwirtschaftlichen Wettbewerbs. Wie soll er denn auch, wenn Festpreise alles erstarren lassen. Die Festpreise müssen selbstverständlich so hoch angesetzt sein, daß jeder „Anbieter“ noch Gewinne macht. Ein Ausscheren aus dieser Front ist kaum möglich. So müssen Krankenhäuser, die ihre Kosten senken, damit rechnen, daß ihnen im nächsten Jahr die Mittel gekürzt werden. Der Gesetzgeber hat dafür gesorgt, daß normale Kostenmaßstäbe im Gesundheitswesen nicht gelten. Höchstpreise, die der Tüchtige unterbieten könnte, werden allerdings auch von den Nutznießern „abgeblockt“. Sie werden als Angriff auf unser „freiheitliches“ Gesundheitswesen dargestellt. Welch eine Logik! Es wird zu Recht die Auffassung vertreten, daß in unserem Quasi-Marktsystem die Kosten erheblich höher sind als in einem verstaatlichten Gesundheitswesen, da in einem verstaatlichten Gesundheitssystem den Löhnen und Gehältern Grenzen gesetzt sind.

Es ist einfach nicht einzusehen, warum wir das Gesundheitswesen zumindest nicht da ökonomisch organisieren, wo dies nicht nur zu Kosteneinsparungen führt, sondern auch Leistungsverbesserungen mit sich bringen kann. Der Gesetzgeber darf z. B. das Interesse der Krankenhausleitungen an wirtschaftlicher Betriebsführung nicht behindern, sondern muß es fördern. Mehr Effizienz in der Betriebsführung und mehr Humanität im Krankenhaus schließen einander durchaus nicht aus. Krankenhauspatienten, die wieder „auf den Beinen sind", könnten sich weitgehend selbst versorgen. Ihnen sollte nicht das Essen ans Bett gebracht werden. Sie könnten in der Kantine essen. Dies würde ihren Genesungsprozeß beschleunigen und Kosten einsparen. Durch die Aufteilung in klinische und hotelmäßige Unterbringung ließen sich Jahr für Jahr Milliardenbeträge einsparen. Daneben könnte in Ballungsgebieten durch eine stärkere Spezialisierung und verbesserte Kooperation der Krankenhäuser die teure Apparatemedizin wirtschaftlicher gehandhabt werden. Nicht jede Klinik muß sämtliche Großgeräte besitzen.

Obwohl die Verweildauer in den Krankenhäusern mittelfristig zurückgegangen ist, ließe sich schließlich auch hier noch einiges verbessern. Die hohen Kosten (Labor, intensive Untersuchung, eventuell Operation), die in der Regel innerhalb kürzester Zeit anfallen, werden wegen der pauschalierten Tagessätze über „pflegeärmere" und damit billigere Zeiten zeitlich gestreckt. Das ist ökonomisch nicht zweckmäßig, aber auch für den Patienten nicht sinnvoll. Die falsch konstruierten Gesetze sind im Krankenhaussektor und in anderen Bereichen des Gesundheitswesens so rasch wie möglich aufzuheben. Ökonomische und humane Ansprüche könnten dann besser miteinander in Einklang gebracht werden.

Das Beispiel Gesundheitswesen zeigt eindeutig: Punktuelle Eingriffe sind nicht ausreichend. Die notwendige Neugestaltung des Gesundheitswesens und anderer Sozialleistungen läßt sich nicht durch einfache Umbuchungen finanzieller Art erreichen. Erforderlich ist eine Mittelfriststrategie und ein aufeinander abgestimmtes Verhalten. Solange dies nicht eingesehen wird, bleibt alles Stückwerk. Kurzsichtigkeit und Halbherzigkeiten verhindern eine konsequente Überprüfung der Leistungen im Gesundheitswesen und eine Durchforstung der anderen Sozialausgaben. Auf der anderen Seite befördern derartige Einstellungen aber auch die dringend notwendige Lichtung des bestehenden Subventionsdschungels in das Land der Träume.

6. Subventionen

Subventionen – das heißt Finanzhilfen und Steuervergünstigungen des Staates an Unternehmen, ohne daß diese dafür eine Gegenleistung erbringen – haben in den vergangenen Jahrzehnten einen ähnlichen Boom erlebt wie die Sozialleistungen.

In der Bundesrepublik greifen in erster Linie Bund, Länder und Gemeinden sowie die Europäische Gemeinschaft der Wirtschaft mit staatlichen Hilfen unter die Arme – sei es durch direkte Zahlungen (Finanzhilfen) oder durch Verzicht auf Einnahmen (Steuervergünstigungen). Die Zuschüsse des Staates können laufend oder einmalig gewährt werden (= laufende oder Vermögensübertragungen). Das hört sich einfach an. Die statistische Erfassung von Subventionen stößt jedoch auf erhebliche Probleme. Insbesondere lassen sich die direkten Finanzhilfen der Gemeinden, z. B. die Gewährung von finanziellen und wirtschaftlichen

Vorteilen bei der Bereitstellung von Grundstücken, nicht einmal annähernd korrekt erfassen und quantifizieren. Daneben werden staatliche Zuschüsse zu Forschungs- und Entwicklungsvorhaben der Unternehmen in unterschiedlichem Umfang als Subventionen deklariert. Weiterhin beruht das Ausmaß der Steuervergünstigungen auf Steuerausfallschätzungen. Schließlich werden zum Teil auch Sozialleistungen wie Mittel im Rahmen der Sparförderung und das Wohngeld als Subventionen eingestuft (beispielsweise im Subventionsbericht der Bundesregierung). Infolgedessen kommt man je nach Abgrenzung zu einer unterschiedlichen Gesamthöhe der Subventionen. Der untere Wert für 1980 liegt bei 40 Mrd. DM, nach oben sind fast keine Grenzen gesetzt. So weist das Institut für Weltwirtschaft an der Universität Kiel im Rahmen der Strukturberichterstattung darauf hin, daß sich allein die Finanzhilfen und Investitionszulagen an Unternehmen 1979 auf rd. 60 Mrd. DM beliefen. Das wäre gegenüber 1960 eine Verzehnfachung.

Der Siegeszug der Subventionen läßt die Frage aufkommen, ob es sich hierbei um eine wirtschaftspolitische Allzweckwaffe handelt. Unternehmerumfragen zeigten jedoch, daß der *ökonomische* Anreiz, der von staatlichen Finanzspritzen ausgeht, überschätzt wird. 1980 ergab eine Befragung bei Jungunternehmern, daß drei Viertel der Unternehmen ihre Investitionen auch ohne Subventionen durchgeführt hätten. Damit kommt es in den meisten Fällen zu keiner Initialzündung – Subventionen lösen lediglich Mitnahmeeffekte aus. Auch in kritischen Situationen würden die Unternehmen in der Regel ohne Subventionen auskommen. Die gleiche Umfrage ergab nämlich, daß selbst bei Auslandsinvestitionen 83 Prozent der Unternehmen oder bei Ausfuhrgeschäften 79 Prozent sowie bei Energieeinsparungen 81 Prozent der Unternehmen die Maßnahmen auch ohne Staatshilfe durchgeführt hätten.

Unternehmen, die einmal in den Subventionstopf gegriffen haben, tun es verständlicherweise immer wieder – es kostet sie ja nichts! Von Unternehmen, die bereits in der Vergangenheit Subventionen bekommen hatten, lagen zu 61 Prozent auch im Jahr der Umfrage Anträge vor. Dagegen wurden von Unternehmen, die in der Vergangenheit keine Subventionen erhalten hatten, auch in der letzten Zeit zu 81 Prozent keine Anträge gestellt. Hier ist ein klarer Gewöhnungseffekt eingetreten, der sich nachteilig auf die Leistungs- und Wettbewerbsfähigkeit auswirkt.

Im Subventionsgarten der Bundesrepublik gedeihen viele – teilweise recht exotische – Exemplare. So ist auch das folgende krasse Beispiel zwar kein typisches „Gewächs". Aber es zeigt die „Bandbreite" des Subventionswettlaufs deutlich auf, eine ebenfalls nicht uninteressante Dimension: Ein internationaler Konzern spielte erst einmal einige Gemeinden gegeneinander aus, bevor er 1979 schließlich 400 neue Arbeitsplätze in einer Stadt in Nordrhein-Westfalen schuf. Auf der Strecke blieben dabei u. a. eine andere nordrhein-westfälische Gemeinde, die mit einem Investitionsgeschenk von 34 Millionen DM plus Gratisgrundstück gelockt hatte, und eine niedersächsische Kommune, die außer Subventionen noch eine Kläranlage angeboten hatte. Daß sich der Konzern für seine 170-Millionen-Investition den jetzigen Standort auswählte, lag offensichtlich an den günstigen Vertragsbedingungen. Die Stadt offerierte dem Unternehmen Grund und Boden zum Spottpreis von drei Mark je Quadratmeter, kostenlosen Ausbau des Geländes mit Gleisanschluß und Straße, einen Landesinvestitionszuschuß von 26 Millionen Mark und für jeden Arbeitsplatz einen Bonus von 1 500 Mark. Schließlich räumte die Kommune dem Unternehmen noch ein Mitspracherecht bei der Entscheidung über die eventuelle Ansiedlung von weiteren Betrieben in der näheren Umgebung ein. Die Fehllenkung von Ressourcen kann auch in einer Zentralverwaltungswirtschaft fast nicht schlimmer sein. Die negativen Folgen für die Kommune sind beträchtlich. In einer Kommune, die durch die Begünstigung eines einzelnen Betriebs enorme Verpflichtungen übernommen hat, läßt sich vorerst wegen der hohen finanziellen Belastungen wirtschaftspolitisch kaum noch etwas bewegen. *Häufen sich derartige Fälle, sind auch die volkswirtschaftlichen Schäden eines solchen Handelns gravierend.*

Völlig zu Recht bemerkte der Bundesminister der Finanzen, Hans Matthöfer, bei der Vorlage des 8. Subventionsberichtes der Bundesregierung im November 1981: „Und es ist auch richtig: In einer Wettbewerbswirtschaft sollte unternehmerischer Wettbewerb möglichst wenig durch öffentliche Subventionen verfälscht werden. Auch und gerade der Strukturwandel, der in den 80er Jahren bewältigt werden muß, spricht nicht mehr für, sondern eher gegen hohe Subventionen. Subventionen bergen tendenziell die Gefahr, unternehmerische Beweglichkeit und Eigeninitiative zu lähmen, anstatt sie anzuregen."

Obwohl seit langem bekannt ist, daß Subventionen in der Regel die Anpassung an den wirtschaftlichen Strukturwandel belasten und verzögern, gibt es bis auf erste Ansätze keinen konsequenten und umfassenden Subventionsabbau, der letztlich nur noch die unbedingt notwendigen staatlichen Hilfen ausspart. Es geht also nach wie vor darum, den Subventionsdschungel umfassend und systematisch zu lichten. Dabei muß erreicht werden, daß Subventionen nur noch aufgrund gesamtwirtschaftlicher Notwendigkeiten und nicht mehr aufgrund isolierter, partieller Zielsetzungen und Bewertungen gewährt werden. Nur so lassen sich einander überschneidende oder sogar widersprechende staatliche Hilfen ausmerzen.

Schließlich gilt es, die Effizienz von Subventionen zu erhöhen. Dazu müßten Mitnahme- und Gewöhnungseffekte auf ein Minimum beschränkt werden – u. a. durch Befristung und degressive Gestaltung der staatlichen Hilfen. Nur dann dürften von den verbleibenden staatlichen Maßnahmen auch nennenswerte Anstoßeffekte ausgehen. Einem konsequenten Subventionsabbau stehen nicht zuletzt die eitlen Subventionsshows der Politiker, das Hinter-den-Kulissen-Geschiebe von Politikern, Bürokraten und Unternehmen sowie der Subventionswettbewerb zwischen einzelnen Gebietskörperschaften im Wege. Hier gilt es, einen Riegel vorzuschieben.

Die Wirtschaftsministerkonferenz hat im vergangenen Jahr auf Initiative Niedersachsens einen Vorstoß in die richtige Richtung gemacht. Ein Arbeitskreis erhielt den Auftrag, einen *Subventionskodex* zu entwickeln. Der niedersächsische Vorschlag sah im einzelnen vor:

Eine Subvention ist aufzuheben, wenn
— der Subventionszweck erreicht ist,
— der Subventionszweck überhaupt nicht mehr erreicht werden kann,
— die Maßnahme als Dauersubvention nur der Erhaltung von Branchen und Betrieben dient,
— Erfolgskontrollen nicht durchgeführt werden,
— der Zweck der staatlichen Förderung durch eine Änderung der Rahmenbedingungen besser erreichbar ist oder
— die Hilfe bereits von einer anderen Gebietskörperschaft gewährt wird.

Eine Subvention ist umzugestalten, wenn
— der Eigenanteil des Subventionsempfängers zu niedrig ist,
— die Maßnahme nicht befristet und nicht zeitlich degressiv gestaltet ist,
— sich durch diese Hilfe die Konkurrenzsituation in unerwünschter Weise entwickelt oder

– durch eine Modifikation unerwünschte Nebenbedingungen vermieden werden können.

Neue Subventionen sind grundsätzlich zu vermeiden. Sind dennoch in Ausnahmefällen staatliche Hilfen unumgänglich, müssen sie von vornherein entsprechend gestaltet werden. Dabei ist vorzusehen, daß die Einhaltung des Subventionskodex kontrolliert wird, z. B. durch den Bundesrechnungshof.

Im Juli 1982 haben die Wirtschaftsminister auf der Grundlage des niedersächsischen Vorschlags einstimmig einen Subventionskodex beschlossen, der allerdings nicht so weit geht wie die niedersächsische Initiative.

Sicherlich werden bei dem beschlossenen Kodex staatliche Hilfen durch den Filter kommen, deren Zweck umstritten ist. Aber: Die „Subventionsbewahrer" müssen jedesmal, wenn sie die staatliche Finanzspritze zur Hand nehmen, damit rechnen, daß aufgrund des Subventionskodex ihre Hilfe als „aussätzig" deklariert wird und die wahren Interessen der Subventionsbefürworter zum Vorschein kommen.

Es ist zu hoffen, daß in einigen Jahren die Subventionslandschaft ganz anders aussieht: Aus dem undurchschaubaren Subventionsdschungel könnte im Interesse der Unternehmen ein licht- und sonnendurchflutetes Gehölz der Wirtschaftsförderung werden. Hierzu bedarf es allerdings des guten Willens und des vollen Einsatzes aller Beteiligten, um die sicherlich nicht leichte Übergangszeit durchzustehen und schließlich das gewünschte Ziel zu erreichen.

Wenn bei den staatlichen Sozialaufwendungen und Subventionsausgaben eine grundsätzliche Änderung erreicht werden würde, wäre dies für die „kleinen Leute" von besonderem Vorteil. Namhafte Wissenschaftler haben festgestellt: Der Sozial- und Subventionsstaat begünstigt heute oftmals besser Verdienende und Großunternehmen. Unser

Wohlfahrtsstaat ist nicht selten zu einer Einrichtung geworden, durch die Personen der mittleren und höheren Einkommensgruppen zusätzliche „Einkünfte“ erhalten können. Zu den materiellen Vorteilen, die sie u. a. aufgrund ihrer Begabung bereits am Markt erhalten, können sie sich über den politischen Entscheidungsprozeß weitere materielle Vorteile verschaffen, die ihnen der Markt nicht gewährt hätte. Die Verteilung der Kosten und Nutzen für öffentliche Güter, wie Museen, Theater, Opern, Schulen, Straßen, ist im Rahmen der bisherigen staatlichen Regelungen für die unteren Einkommensgruppen ungünstig.

7. Das föderative System in der Bundesrepublik

Die Politiker haben in der Vergangenheit das Füllhorn staatlicher Sozialleistungen und Subventionen immer wieder ausgeschüttet. Dies kam uns teuer zu stehen. Die Abgabenbelastungen der Bürger erhöhten sich ständig. Zu Recht nehmen hieran die Bürger immer mehr Anstoß und halten mit ihrer Kritik nicht länger „hinter dem Berg“. Neben der Forderung, die staatlichen Eingriffe auf wenige notwendige Maßnahmen zu beschränken, wird eine weitere erhoben: Staatliche Aktionen sollten – soweit wie möglich – dezentralisiert werden.

In diesem Zusammenhang gilt ein Wort von Ralf Dahrendorf: „In Wirtschaftsunternehmen ist dieses Prinzip der Dezentralisierung oder besser vielleicht die Anerkennung der Autonomie dezentraler Einheiten schon seit einiger Zeit anerkannt. In der politischen Organisation hallt noch immer jene absurde Verwaltungsreform nach, die in den letzten Jahrzehnten Tausende von Ortsnamen von der Landkarte Europas weggewischt hat. Abbau von Staatstätigkeit und Dezentralisierung sind der Rahmen, innerhalb dessen Initiative und Wandel möglich werden.“ Heinrich Hoffmann von Fallersleben, der Dichter unseres Deutschlandliedes, hieße heute gebietsreformbedingt Heinrich Hoffmann von Wolfsburg 12.

Je größer eine Organisation ist und je differenzierter die Aufgaben sind, um so stärker sollten die Entscheidungen dezentralisiert werden. Wenn der Staat „vor Ort" entscheidet, könnte zumindest ein Haupthemmnis – nämlich der zentrale undurchschaubare Bürokratieapparat mit seinem Kompetenzwirrwarr – weitgehend abgebaut werden. Demnach müßte die Bundesrepublik mit ihrem föderativen Staatswesen genau die richtige Antwort sein. Voraussetzung wäre allerdings, die Zentralinstanz der Wirtschaftspolitik – in unserem Fall die Bundesregierung –, Länder und Gemeinden würden zu einer klaren, übersichtlichen Aufgabentrennung bereit sein. Wenn bedacht wird, daß der Subventionsbericht der Bundesregierung über 200 staatliche Programme nennt, außerdem Länder und Gemeinden in eigener Regie weitere Subventionen gewähren, müssen indes erste Zweifel aufkommen, ob im politischen und wirtschaftlichen Alltag der formale Rahmen des Föderalismus wirklich eine Verbesserung darstellt.

Das zunächst einmal weitgehend formal abgeleitete Kriterium der Effizienzsteigerung staatlicher Leistungen durch Dezentralisierung bedarf zweifellos der genaueren sachlichen Überprüfung, und zwar an den Verhältnissen in der Bundesrepublik. Es ist die Frage zu beantworten, ob zwischen Bund, Ländern und Gemeinden tatsächlich eine klar abgegrenzte und sinnvolle Ausgaben- und Aufgabenteilung vorliegt. Der Blick auf die Haushalte der öffentlichen Gebietskörperschaften in der Bundesrepublik könnte manch einen zu der Bemerkung verleiten: Wesentliche Aufgabe der Bundesländer ist es, für die Löhne und Gehälter der öffentlich Bediensteten aufzukommen. Denn der Personalkostenanteil lag 1980 bei den Ländern immerhin bei 41 Prozent, bei den Gemeinden bei 25 Prozent und beim Bund lediglich bei 15 Prozent.

Daneben scheint der finanziell und sachlich notwendige Handlungsspielraum vor Ort, der durch eine Dezentralisierung erreicht werden soll, durch Eingriffe von oben stark eingeengt zu werden. Politische Einzelinteressen stehen dabei einer sachgerechten Koordinierung im Wege. Die Bundesländer klagen jedenfalls immer wieder, daß sie durch den Bund regelmäßig mit neuen Leistungsgesetzen überschüttet werden; deren „Wohltaten" für den Bürger rechnet sich dann der Bund zu, die Rechnung präsentiert er aber den Ländern.

Ein Ministerpräsident (der der SPD angehört) sagte vor einiger Zeit: „Der Bund kann nicht weiter die Speckseiten in das Schaufenster hängen, die von den Ländern bezahlt werden müssen." Ein anderer Ministerpräsident (der der CDU angehört) sah es ähnlich: „Die Länder können nicht die Reservekonten des Bundes sein." Hinter diesen Äußerungen verbirgt sich der Vorwurf, daß die „Zentralinstanz" nachgeordneten Stellen unangemessene finanzielle Auflagen macht und so die Länder bei der Bewältigung *ihrer* Aufgaben behindert. Auf der anderen Seite betrachtete allerdings auch die Bundesregierung den Bundesrat wiederholt als Vertretung „eigensüchtiger Landesinteressen" oder als Instrument „parteipolitischer Konfrontation".

Der Föderalismus ist also keine Heilslehre, keine politische Konzeption, die nur Vorteile hat. Der Bundesstaat ist eine schwierige Staatsform, bei der wie in der Bundesrepublik leicht einiges falsch gemacht werden kann. Trotzdem dürfte es zum föderativen System keine brauchbare Alternative geben. Denn die alten Zentralstaaten Europas scheinen mit ihren rebellierenden Regionen eher noch größere Probleme zu haben: Großbritannien mit Nordirland, Frankreich u. a. mit der Bretagne oder Spanien mit Katalonien und dem Baskenland. Probleme, die zumindest teilweise nicht bestünden, wenn diese Staaten unseren Föderalismus hätten. Das ist gut, zu wissen.

Voraussetzung ist allerdings, daß Dezentralisierung nicht zu einem Mehr an Bürokratie führt, sondern zu einem Abbau der „Verwaltung".

Trotz aller Kritik und Kontroversen gilt grundsätzlich folgende Überlegung: Die bundesstaatliche Ordnung ist der Demokratie angemessener als der Zentralstaat.

Von prinzipieller Bedeutung sind folgende Überlegungen:

- Der Bundesstaat als dezentralisiertes Staatswesen schafft größere Bürgernähe und mehr Mitwirkungsmöglichkeiten für den Bürger.
- Kleinere Räume erleichtern die politische und wirtschaftliche Integration und die Überschaubarkeit wirtschaftlicher Aktivitäten.
- Regionale Bedürfnisse und Eigenheiten können finanz- und wirtschaftspolitisch gezielter berücksichtigt werden. Hierdurch eröffnet sich eine gute Chance für höhere Effizienz staatlicher Maßnahmen und weniger staatliche Bürokratie.

Aus den genannten Gründen wird in unserem Land neben der klassischen „horizontalen" Gewaltenteilung auch die „vertikale" zwischen Bund, Ländern und Gemeinden bejaht.

Andererseits darf eine föderative Finanz- und Wirtschaftspolitik die Zentrale nicht handlungsunfähig machen oder das notwendige Mindestmaß an einheitlicher Gestaltung in den einzelnen Regionen unterlaufen. Das heißt: Der Bund muß für *gesamt*wirtschaftliche Aufgaben zuständig bleiben. Außerdem dürfen sich die Bundesländer nicht ständig als Konkurrenten ansehen, auch sie müssen auf gemeinsame Interessen Rücksicht nehmen.

Ein föderatives Staatsgebilde – wie die Bundesrepublik – steht und fällt mit der richtigen Aufgaben- und Ausgabenzuordnung sowie mit der Kooperations- und Koordinationsfähigkeit zwischen den einzelnen politischen Ebenen.

Insbesondere aufgrund der Finanzierungsmodalitäten gemeinsamer Vorhaben besteht in der Bundesrepublik seit längerem die Tendenz, Aufgaben zu vermischen und Kompetenzen zu verwischen. Hier – im politischen Alltag – beginnen sich die Geister zum Teil zu scheiden. Insbesondere in den Bereichen, in denen gemeinsames koordiniertes Handeln von Bund, Ländern und Gemeinden erforderlich ist. Denn: Etwas mehr als zehn Jahre nach der Finanzverfassungsreform von 1969 wird in der Bundesrepublik immer lauter und öfter über eine grundlegende Neuordnung der Finanzbeziehungen zwischen Bund und Ländern nachgedacht. Das ist durchaus als ein positives Zeichen zu sehen.

Wichtiger Bestandteil gemeinsamer wirtschaftspolitischer Anstrengungen ist die „Mischfinanzierung". Grundlage dieser Mischfinanzierung ist der Artikel 104a des Grundgesetzes, der die Finanzhilfen des Bundes regelt. Daneben legt der Artikel 91a die vier Gemeinschaftsaufgaben – Hochschulbau, regionale Wirtschaftsstruktur, Verbesserung der Agrarstruktur und des Küstenschutzes – fest.

Mischfinanzierungen gibt es nach dem Grundgesetz bei Modellversuchen im Bildungswesen und bei wissenschaftlicher Forschung von überregionaler Bedeutung, bei der Auftragsverwaltung, wo der Bund in vollem Umfang die Zweckausgaben und die Länder die Verwaltungsausgaben tragen, sowie bei neun Geldleistungsgesetzen – vom Bundesausbildungsförderungsgesetz (BAFöG) über das Wohnungsbauprämiengesetz und Wohngeldgesetz bis zum Bundessozialhilfegesetz; hier werden die Ausgaben von Bund und Ländern gemeinsam getragen.

Schließlich gibt es noch zehn Investitionsbereiche – von der Wohnungsbauförderung über die Gemeindeverkehrsfinanzierung und Krankenhausfinanzierung bis zu Konjunkturprogrammen –, in denen der Bund nach dem Grundgesetz mitfinanziert. Außerhalb des Grundgesetzes besteht die Mischfinanzierung für bestimmte Kriegsfolgelasten wie Bundesversorgungsgesetz, Flüchtlingshilfen oder Sozialhilfen für Zugewanderte.

Dies alles hat den finanziellen Spielraum der Länderhaushalte entscheidend eingeengt, und damit sind die Freiheitsgrade für eine eigene landesspezifische Wirtschaftspolitik immer mehr eingeschränkt worden. So sind beispielsweise die Investitionsausgaben – die wichtigste Komponente einer gezielten regionalen Wirtschaftspolitik – im niedersächsischen Landeshaushalt in Höhe von 3,4 Milliarden DM durch die Mischfinanzierung zu mehr als der Hälfte festgelegt, die anderen Zweckausgaben zu knapp 50 Prozent.

Es müssen Wege gefunden werden, die die Aufgaben- und Ausgabenteilung zwischen Bund und Ländern klarer und unserem föderativen System angemessener regeln. Nach Artikel 30 des Grundgesetzes fällt die regionale Strukturpolitik grundsätzlich in den Aufgabenbereich der Länder. Bestätigt und zugleich modifiziert wird die Zuständigkeit der Länder durch Artikel 91a des Grundgesetzes. Dort wird z. B. im Rahmen der Gemeinschaftsaufgabe „Verbesserung der regionalen Wirtschaftsstruktur“ dem Bund eine Mitwirkung eingeräumt. Durch diese Regelung ist in der Praxis der Handlungs- und Entscheidungsspielraum der Länder auf dem Gebiet der regionalen Strukturpolitik erheblich eingeschränkt worden. Hier muß eine sinnvolle Neuregelung gefunden werden, die dazu führt, daß sich der Bund auf die sektorale Strukturpolitik beschränkt und den Ländern die regionale Strukturpolitik eigenständig und eigenverantwortlich überläßt. Wer unser föderatives System lebensfähig erhalten will, braucht eine klare und angemessene Aufgaben- und Ausgabentrennung.

Jede Form der Entflechtung der Mischfinanzierung setzt

allerdings faire Verhandlungen voraus, als deren Ergebnis keine Seite auf Kosten der anderen finanzielle Vorteile haben darf. Nur so kann ein tragfähiger, dauerhafter Konsens geschaffen werden. Wie schwer hier eine gemeinsame Lösung zu finden ist, erleben wir immer wieder. Die Verhandlungen des Bundes und der Länder z. B. über eine sogenannte „Grundvereinbarung“ im Rahmen der Mischfinanzierung befinden sich schon seit Mitte 1980 in der „Rückkopplungsrunde“.

Entflechtung der Mischfinanzierung müßte sowohl Konsequenzen auf der Einnahmen- als auch auf der Ausgaben- und Aufgabenseite haben. Beispielsweise müßten die Gemeinden eigene Steuerquellen erhalten, die es ihnen ermöglichen, auf ihr Steueraufkommen im erforderlichen Umfang selbst Einfluß zu nehmen.

Es bietet sich z. B. an, den Gemeindeanteil an der Einkommensteuer zu einer gestaltbaren kommunalen Steuer mit eigenem Hebesatzrecht auszubauen. Diesen Vorschlag hat bereits die Troeger-Kommission im Rahmen der Finanzreform von 1969 gemacht, und er ist auch in Form einer Ermächtigung in das Grundgesetz eingegangen (Art. 106 Abs. 5 Satz 3 GG). Doch ist von dieser Ermächtigung bisher kein Gebrauch gemacht worden. Gegen die Einführung des kommunalen Hebesatzrechtes wird vorgebracht, daß zur Zeit noch kein brauchbarer Schlüssel für dieses Vorhaben existiert. Dieser pragmatische Einwand überzeugt aber nicht. Denn schon das Troeger-Gutachten enthält einen praktikablen Vorschlag zur Gestaltung der Hebesätze. Außerdem gibt es eindrucksvolle Beispiele einer regional unterschiedlichen Ertragsteuer in der Schweiz und in den USA.

Mit der Einführung des kommunalen Hebesatzrechtes kann überdies dem Bürger verständlich gemacht werden, daß Leistungen der öffentlichen Hand letztlich auch von ihm bezahlt werden müssen. Im überschaubaren Bereich der Gemeinden wäre das am ehesten zu verdeutlichen. Bei der Inanspruchnahme eigener Einnahmequellen müßten es sich Gemeindeverwaltung und Gemeinderat schon gut überlegen, ob sie zusätzliche Ausgaben auf sich nehmen wollen. Es ist leicht, „Geschenke" zu verteilen, wenn der Bund oder die Länder sie bezahlen. Wenn die Bürger am Ort sie bezahlen, werden Gemeindeverwaltung und Gemeinderat sicherlich Rechenschaft ablegen müssen. Sie müßten vor den Bürger hintreten, ihre Entscheidung offenlegen und einen bestimmten, für die gemeindlichen Ausgaben notwendigen Hebesatz fordern. Die damit verbundene stärkere Kontrolle durch die Bürger der Gemeinde kann zu einer verantwortungsbewußten Ausgabenpolitik führen und außerdem die kommunale Selbstverwaltung stärken.

Sowohl durch die Mischfinanzierung als auch durch den bisherigen Subventionswettlauf der Länder und Gemeinden untereinander ist „Sand ins Getriebe" föderativer Finanz- und Wirtschaftspolitik geraten. Hier gilt im übertragenen Sinne die Fabel vom Wettlauf des Hasen mit dem Igel. Der für eine bestimmte Produktion besser geeignete Standort (also der Hase) wird ausgeschaltet, weil sich der andere, an sich unterlegene Standort dem fairen Wettlauf, dem fairen Wettbewerb durch ein staatliches Subventionsprogramm entzieht. Hier zeigen sich die Schattenseiten einer föderativen Ordnung. Gegen politische Unbesonnenheit bietet auch der Föderalismus keinen Schutz.

Alle Wirtschaftspolitiker äußern zwar immer wieder ihre Bedenken gegen öffentliche Subventionen, begehen aber gleichzeitig Sündenfälle. Wann eine funktionsfähige Subventionsregelung erreicht wird, läßt sich nicht absehen. Aber wir sollten dennoch die Hoffnung nicht aufgeben. Immerhin gab es in der letzten Zeit erste Erfolge beim Subventionsabbau. So wurde im vergangenen Jahr die Fläche verringert, die die bundesdeutsche Subventionsgießkanne im Rahmen der Gemeinschaftsaufgabe „Verbesserung der regionalen Wirtschaftsstruktur“ bestreicht. Die Reduzierung zeigt sich zahlenmäßig u. a. darin, daß in den neu abgegrenzten Fördergebieten knapp 30 Prozent der Bevölkerung des Bundesgebietes leben, während es vor der Gebietsverringerung 36 Prozent waren. Trotzdem besteht nach wie vor die Gefahr, daß durch kurzfristige falsche Entscheidungen – wie es z. B. im Stahlbereich zu geschehen droht – die langfristige Weichenstellung belastet wird. Darum ist es wichtig, daß Bund, Länder und Gemeinden sich – wie ausgeführt – auf einen wirksamen Subventionskodex einigen.

Was die heutige Qualität und Effektivität staatlichen Handelns in der Bundesrepublik im Grundsatz betrifft, sollten wir uns vielleicht folgendes vor Augen führen: Berechnungen im Bundesrechnungshof haben ergeben, daß der Bund bis zu 40 000, Länder und Gemeinden fast 300 000 Bedienstete weniger benötigten, wenn sie nur die Hälfte der unnötigen Leistungsverluste vermieden. Die hier skizzierte Aufgaben- und Ausgabenteilung würde die Leistungs- und Reibungsverluste auf sinnvolle Art und Weise verringern.

Wir müssen aus den großen Fehlern staatlicher Wirtschafts- und Sozialpolitik unbedingt eine Lehre ziehen. Allerdings darf der Bogen auch nicht überspannt werden. Die jüngste Entwicklung z. B. in den USA und in Großbritannien wird zu sehr auf dem Rücken der sozial Schwachen und des Mittelstandes ausgetragen. Das ist keine Lösung. Umfassende konsensfähige Ansätze können nicht auf neuen „Verwerfungen“ aufbauen. Das gilt für viele Bereiche, nicht zuletzt für die Energie- und Rohstoffversorgung, den Wohnungs- und Städtebau, den Verkehrssektor sowie den Umweltschutz. Im folgenden gilt es, diese Bereiche zu durchleuchten. Dabei werden die Charakteristika und Grundprobleme dargelegt, auf Detailuntersuchungen muß dagegen weitgehend verzichtet werden.

8. *Energiepolitik*

Sicherung unserer Energieversorgung ist eines der wichtigsten wirtschafts- und gesellschaftspolitischen Ziele der nächsten Jahrzehnte. Eine ausreichende Energieversorgung ist von fundamentaler Bedeutung für den Wohlstand und sozialen Frieden unseres Volkes, für das weitere Wachstum unserer Wirtschaft sowie für die Schaffung und Sicherung von Arbeitsplätzen in der Bundesrepublik. Die große Mehrzahl der Bürger scheint das erkannt zu haben. Begriffe wie Energiesparen, Ölsubstitution, regenerative Energiegewinnung, Energie- und Rohstoffsicherung sind heute in aller Munde. Es mußte sich allerdings erst einiges ereignen, bis es soweit gekommen ist:

— Die enorme Verteuerung des Erdöls sowie die nachfolgenden drastischen Preiserhöhungen bei anderen Energieträgern und Rohstoffen,
— das nicht zuletzt wegen der drastisch gestiegenen Ölrechnung (1973: 13 Mrd. DM; 1978: 30 Mrd. DM; 1981: 65 Mrd. DM) kräftige Minus der deutschen Leistungsbilanz,
— die immer höher eingeschätzte Gefahr der politischen Erpreßbarkeit aufgrund der Abhängigkeit vom Erdöl,
— steigende Bedenken gegen die Kernenergie und
— eine als absehbar „erahnte" Erschöpfung wichtiger Rohstoffvorräte

waren die entscheidenden Auslöser für die anhaltende Energiediskussion. Eine akzeptable Perspektive in unserer Energieversorgung zeichnet sich allerdings überhaupt noch nicht ab. Es scheint, daß wir uns durch die Forderung „weg vom Öl" und die gleichzeitige Ablehnung der Kernenergie so gut wie schachmatt setzen würden. In der Energiepolitik und Energievorsorge befinden wir uns zwischen zwei Stühlen: nämlich dem Erdöl und der Kernkraft. Manch einer mag es vielleicht als eine interessante Position ansehen, zwischen den Stühlen zu „sitzen“. Vorübergehend mag das auch auszuhalten sein, auf Dauer ist es aber sicherlich kein Ort, an dem wir uns niederlassen können.

Die unbequeme Stellung muß so rasch wie möglich aufgegeben werden. Allerdings: Auf den Stuhl „Erdöl“ werden wir uns nicht wieder setzen können – auch vorübergehend nicht. Und auf dem Stuhl „Kernenergie“ ist vor einiger Zeit die Sitzfläche entfernt worden; wie lange dieser Zustand noch anhalten wird, läßt sich nicht abschätzen. Dennoch verharren die politischen Entscheidungsträger in unverständlicher Trägheit. Sie tasten sich allenfalls mühsam von einer energiepolitisch-technokratischen Fortschreibung zur nächsten. Die Folge ist u. a.: Es findet zuwenig eine umfassende grundsätzliche Auseinandersetzung über unsere Energieprobleme statt. So werden zwar Bereiche wie die Kernenergie heftig und umfassend diskutiert. Aber dennoch werden auch heute noch einige brisante Probleme der Energieversorgung unterschätzt. Beispielsweise wird die Problematik der regionalen Energiemonopole mit all ihren negativen Folgen noch immer politisch weitgehend ausgeklammert.

Wenn trotzdem die gegenwärtige Energiesituation in der Bundesrepublik noch einigermaßen zufriedenstellend ist, so liegt es nicht in erster Linie an der Energiepolitik des Staates. Die Politiker haben die Bürger oft allein gelassen. Denn wenn wir uns auch gegenwärtig in der Energiepolitik zwischen den Stühlen befinden, haben sich die Unternehmen und Verbraucher glücklicherweise nicht beirren lassen. Sie haben Vorbildliches geleistet.

Zur Sicherung unserer Energieversorgung haben Unternehmen und private Haushalte schon heute viel getan. Daß 1981 der Primärenergieverbrauch in der Bundesrepublik etwas niedriger war als zum Zeitpunkt der ersten Ölpreisexplosion 1973, obwohl die deutsche Volkswirtschaft im gleichen Zeitraum um 17 Prozent wuchs, ist vor allem ein

Verdienst der Investoren und Verbraucher. (Allerdings half zuletzt die schwache Konjunktur mit.) Investoren und Verbraucher haben verhindert, daß sich die Energiekosten wie ein Krebsgeschwür in Gewinne und Einkommen fraßen. Es ist eine offene Frage, ob nicht auch ohne die Energiesparprogramme des Bundes und der Länder Unternehmen und private Haushalte ähnliches geleistet hätten.

Daß sich die Bürger durch Eigeninteresse und nicht durch staatliche Anreize und Zwangsmaßnahmen zu einer konsequenten Haltung beim Energieverbrauch entschlossen haben, zeigt sich sogar beim „liebsten Kind" des Deutschen – seinem Auto. Der Autofahrer ist zielstrebig auf benzinsparende Pkw umgestiegen. So hat sich die Struktur der Automobilnachfrage innerhalb kürzester Zeit verändert. Damit ist allerdings die Antwort der Autofahrer noch nicht abgeschlossen. Sie vermeiden „überflüssige" Fahrten; die durchschnittliche Fahrleistung ist 1981 zurückgegangen. Außerdem verhalten sich die meisten Autofahrer im Verkehr benzinsparender.

Auch in anderen Bereichen zeigt sich das gestiegene Energiebewußtsein der Bürger. So achten sie beim Kauf von Elektrogeräten immer mehr auf deren Energieverbrauch. Daneben bemühen sie sich in ihren Wohnungen und Häusern intensiv um Energiekosten bremsende Maßnahmen. Die Bürger in der Bundesrepublik sind zwar noch nicht ganz so energiebewußt, wie sie kalorienbewußt sind. Aber alles braucht seine Zeit. Daß heute viele Menschen keinen Zucker und keine Milch in ihren Kaffee nehmen, sondern kalorienarme Süßstoffe und kalorienarme „Kaffeeaufheller", geschah auch nicht von einem Tag zum anderen.

Ebenso wie die privaten Haushalte sind die Unternehmen auf umfassende Begrenzung ihrer Energiekosten bedacht. Wärmedämmende Maßnahmen und der verstärkte Einsatz von energiesparenden Maschinen gehören heute zum betrieblichen Alltag. Durch derartige Maßnahmen wurde innerhalb kürzester Zeit der Energiebedarf um ein Viertel bis ein Drittel reduziert.

Insbesondere durch die Mikroelektronik wurde die „Energieverschwendung“ radikal verringert. Die immer preiswertere Mikroelektronik eröffnet durch „intelligentes“ Messen und Regeln große Möglichkeiten der Energieeinsparung. Da ist z. B. heute jene Kochplatte noch weit verbreitet, die weiter heizt, obwohl das Wasser bereits kocht. Diese Energieverschwendung wird sicherlich bald der Vergangenheit angehören. Wahrscheinlich in gar nicht so ferner Zukunft werden die deutschen Hausfrauen Kochtöpfe benutzen, die innen heiß sind, außen aber angefaßt werden können. Das hilft wiederum Energie sparen.

In einer Studie der Fraunhofer-Gesellschaft wird das Einsparpotential an Energie bei einem konsequenten Einsatz der Mikroelektronik und anderer moderner Techniken in den nächsten anderthalb Jahrzehnten auf 8 bis 9 Prozent des gesamten Energieverbrauchs geschätzt. Die Unternehmen werden in der Zukunft die Herausforderungen im Energiebereich sicherlich annehmen. Sie können es sich nicht leisten, in Passivität zu erstarren wie manch ein Politiker und Verband. So bereiten sich schon heute Unternehmen darauf vor, der zu erwartenden Verschlechterung der Qualität des Erdöls bei Ölsanden und beim Ölschiefer mit neuen Technologien entgegenzutreten.

Ein Nachlassen in unseren Anstrengungen können wir uns noch lange nicht leisten. Denn das gegenwärtige „Gleichgewicht“ der Ölmärkte ist vordergründig. Und bei der Kernkraft scheint sich vorerst kein Konsens anzubahnen, der gesellschaftlich und gesellschaftspolitisch tragbar wäre. Die Argumente liegen auf dem Tisch: Die Kernkraftgegner propagieren eine vordergründig heile Energiewelt ohne Kernenergie. Die Politiker, die für Kernkraftwerke sind, malen schwarz: „Ohne Kernkraft gehen die

Lichter aus." Außerdem verweisen sie auf den großen „Investitionsstau" im Kraftwerkbereich, der im gesamtwirtschaftlichen Interesse aufgelöst werden müßte. (Ob es sich aber tatsächlich um einen Investitionsstau in den oft genannten Größenordnungen handelt, kann bezweifelt werden. Denn bei einer veränderten durchsetzbaren energiepolitischen Strategie werden andere beträchtliche Energieinvestitionen notwendig.)

Das energiepolitische Wehklagen ist laut und vernehmlich. Doch es hilft nicht weiter. Es ist versäumt worden, in Alternativen zu denken. Der Hinweis, es gäbe keine Alternativen zur Kernenergie, stellt den Politikern und ihren Beratern ein Armutszeugnis aus. Sicherlich gibt es keine Patentlösung, wie es die Kernkraftgegner mit ihrer Überbewertung der Möglichkeiten der regenerativen Energie meinen. Aber die Politiker könnten sich ein Beispiel an den Unternehmen und privaten Haushalten nehmen, deren Erfolge liegen auf der Hand. Wer hat vor ein paar Jahren geglaubt, daß die Möglichkeiten der Energieeinsparung so groß wären. Die Energieprognosen von Instituten und Verbänden belegen die gewaltige Unterschätzung auf eindrucksvolle Weise. Das Potential der Energieeinsparung und Energieverschwendung ist bei weitem noch nicht ausgeschöpft. Es wäre sicherlich noch vieles möglich: bei Haushaltsgeräten, bei Automobilen und bei der Wärmedämmung.

Niemand kann sagen, wo die Grenzen liegen, wenn die Energieverschwendung weiter konsequent abgebaut wird. Anfang der 80er Jahre wurden noch immer über 60 Prozent der erzeugten Energie als „Abfallwärme" in Luft und Wasser abgelassen. Sicherlich kann Fernwärme nicht als Allzweckwaffe eingesetzt werden. Aber selbst das Machbare eröffnet große Möglichkeiten. (Hier könnte zudem ein wirksamer Beitrag zur Umweltentlastung als reiner Mitnahmeeffekt erreicht werden.) Das Einsparpotential an

Energie ist vielschichtig und gewaltig. Nach einer Studie des Bundes der Steuerzahler Schleswig-Holstein könnten allein die Eigenanlagen der Vereinigten industriellen Kraftwirtschaft neben der Produktion der Industriegüter ca. 18 000 Megawatt Strom in das öffentliche Netz liefern. Die Einspeisung dieser Kapazitäten wird von den regionalen Energiemonopolen verhindert. Außerdem sollten die Unternehmen verstärkt im Bereich der „Energie-Kooperation“ tätig werden. Energiebewußtes Planen zwischen Unternehmen bietet viele Möglichkeiten. Gießereien, Großküchen, Großbäckereien oder Kunsteislaufbahnen könnten Wärme an Schwimmbäder, Unterglas-Gartenbaubetriebe usw. abgeben.

Gewiß, null Prozent Abfallwärmeverlust und null Prozent „Energieverschwendung“ sind nicht zu erreichen, und außerdem ist das Einsparpotential nur grob abzuschätzen. Aber dies ist kein Grund, daß die Politiker weitgehend untätig bleiben. Zwar haben Bundestag und Bundesrat Anfang 1980 die Bundesregierung aufgefordert, die Möglichkeiten einer Auflockerung der Gebietsmonopole in der Versorgungswirtschaft zu prüfen. Aber geschehen ist bisher kaum etwas. Die Versorgungswirtschaft weist immerhin eine der höchsten Konzentrationsquoten in der Bundesrepublik aus.

Eine Überprüfung scheint notwendig, da in der Versorgungswirtschaft die am 1. Mai 1980 in Kraft getretene 4. Kartellrechtsnovelle nur geringe Fortschritte gebracht hat. So wird auch heute noch der Ordnungsrahmen der Versorgungswirtschaft durch das Energiewirtschaftsgesetz aus dem Jahre 1935 und durch die 1957 vom Gesetzgeber getroffene Ausnahmeregelung im Kartellgesetz bestimmt.

Dies ist verwunderlich, denn der Gesetzgeber hat 1957 die vorgenommene Ausnahmeregelung ausdrücklich als „vorläufig“ bezeichnet. Ein neues Gesetz „zur Regelung der Wettbewerbsverhältnisse in der öffentlichen Versorgung mit Energie und Wasser" sollte die Lücke schließen. Dies ist bis heute nicht geschehen. Immer noch räumt der Gesetzgeber diesem Sektor besondere Monopolbedingungen ein, so daß der durch die technischen und wirtschaftlichen Verhältnisse in der Versorgungswirtschaft bereits existierende „natürliche" Hang zu Wettbewerbsbeschränkungen gesetzlich vervollkommnet wurde.

So sind die Elektrizitätsunternehmen aufgrund des § 103 des Gesetzes gegen Wettbewerbsbeschränkungen zu klassischen Monopolisten geworden. Die Gebietsmonopole der einzelnen Unternehmen sind nämlich heute durch die sogenannten Verbundunternehmen in der Erzeugung und großräumigen Verteilung stark untereinander verflochten. Zusätzlich beteiligen sie sich an Unternehmen der nachgelagerten Handelsstufen. Wenn der von Bundestag und Bundesrat geforderte Bericht der Bundesregierung über die Möglichkeiten einer Auflockerung der Gebietsmonopole in der Versorgungswirtschaft vorliegen wird, müssen deshalb im politischen Raum unbedingt die notwendigen Konsequenzen gezogen werden.

Solange hier nichts geschehen ist, werden sich die Auseinandersetzungen im Bereich der Kernenergie eher weiter verstärken, da die Bürger immer weniger bereit sind zu akzeptieren, daß durch energiepolitisches Fehlverhalten das Ausmaß der Energieverschwendung nach wie vor hoch bleibt.

Für einen tragbaren, gesellschaftlichen Konsens in Fragen unserer Energieversorgung ist eine überzeugende politische Gesamtkonzeption unabdingbar. Erst dann ist auch eine Versachlichung der Kernenergiediskussion zu erwarten. Viel zu oft werden heute nämlich noch folgende Standpunkte vertreten: Da ist beispielsweise jemand gegen Kernenergie, aber für Strom aus der Steckdose. Oder jemand ist gegen das Kohlekraftwerk vor seiner Tür, aber für eines 100 km entfernt – trotzdem will er an die Steckdose mit seinem Farbfernsehgerät, Videorecorder oder mit seiner Tiefkühltruhe. Oder jemand ist gegen eine Wiederaufarbeitungsanlage, vergißt aber, daß die Rückführung von Uran und Plutonium aus den abgebrannten Brennstäben in die Reaktoren – bei einem mit Leichtwasserreaktoren betriebenen System – eine Einsparung von rund 40 Prozent Natur-Uran bedeutet oder daß durch Aufarbeitung die Menge der endzulagernden hochradioaktiven Abfälle auf ein Minimum reduziert wird. *Deshalb ist z. B. eine Wiederaufarbeitungsanlage unerläßlich.* Die Entscheidung darf nicht noch länger hinausgezögert werden.

Eine überzeugende energiepolitische Grundkonzeption würde die hundertprozentigen Kernenergiebefürworter und die hundertprozentigen Kernenergiegegner zwingen, all ihre Karten wirklich auf den Tisch zu legen. Falschspieler hätten keine Chance mehr.

Nach dem gegenwärtigen Kenntnisstand kommen wir in unserer Energieversorgung ohne Kernenergie und Wiederaufarbeitungsanlage nicht aus. Um so mehr sollten wir darum unsere Anstrengungen verstärken, um regenerative Energien wie Sonne und Wind sowie Energietechnologien wie Fernwärme oder Wärmepumpe besser zu nutzen.

9. Städte- und Wohnungsbau

Es gibt in der Bundesrepublik keine Krankenkasse, die nach der ersten Krankmeldung ihren Mitgliedern lebenslang Krankengeld zahlt, obwohl sie zwischenzeitlich gesund geworden sind. Eine solche Regelung gibt es aber im Wohnungsbau – und zwar im sozialen Wohnungsbau: Junge Menschen bekommen ohne zeitliche Begrenzung eine preiswerte Sozialwohnung, weil sie zum Zeitpunkt des Einzugs nur über ein niedriges Einkommen verfügen und Kinder großzuziehen haben.

Von 4,2 Millionen Mietsozialwohnungen in der Bundesrepublik waren im Herbst 1980 über 30 Prozent, mehr als 1,3 Millionen Wohnungen, „fehlbelegt“. Diese „Sozialmieter“ waren aus den offiziellen Berechtigungsgrenzen herausgewachsen. Ihr Familieneinkommen überstieg selbst die neuen höheren Einkommensgrenzen nach dem Zweiten Wohnungsbaugesetz vom Frühjahr 1980 deutlich. (Die Fehlbelegung durch Mehrverdienende war übrigens in den Großstädten im Durchschnitt merklich höher als in den übrigen Gebieten.) Die gutverdienenden Sozialmieter geben viel mehr Geld für ihr Auto und teilweise sogar auch für den Urlaub aus als für die Wohnung. Dennoch brauchen sie nicht auszuziehen oder die Marktmiete zu zahlen. So blockieren sie für kinderreiche Familien und junge Ehepaare weit über eine Million Sozialwohnungen.

„Sozial“ ist der soziale Wohnungsbau schon lange nicht mehr. Es sei denn, sozial heißt: mit Steuergeldern finanziert. In diesem Zusammenhang meint Professor W. Engels wohl zu Recht: „Der soziale Wohnungsbau ist vielleicht das krasseste Beispiel einer Umverteilungsmaßnahme, bei der nicht den Bedürftigen geholfen wird, sondern bei der Angehörige einer Mittelschicht mit guten Beziehungen Geschenke erhalten auf Kosten anderer Angehöriger derselben Mittelschicht ohne die guten Beziehungen.“

In welche Zwangsjacke und Zwangslage die Politiker den sozialen Wohnungsbau gebracht haben, ist nicht nur in unserem Lande zu erkennen. In Frankreich sah und sieht es nicht anders aus. Alfred Sauvy schrieb 1970 in „Le Socialisme en Liberté“: „Es gibt in den Wohnungen des sozialen Wohnungsbaus mehr Leute mit hohem Einkommen als im Landesdurchschnitt. Umgekehrt gibt es in den Wohnungen des sozialen Wohnungsbaus ungefähr dreimal weniger Familien mit geringem Einkommen als im Durchschnitt des ganzen Landes. Selbst wenn man die Landbewohner berücksichtigt, bleibt das Mißverhältnis erdrükkend. ... *Nichts wird leichter antisozial als ein Gesetz in sozialer Absicht, wenn man sich nicht aufmerksam darum kümmert, ob oder wie es angewandt wird.*"

Ein weiterer großer Fehler des sozialen Wohnungsbaus in der Bundesrepublik ist gewesen, daß abschreckende Wohnsilos geschaffen wurden. Außerdem kümmerte man sich zuwenig um das Wohnungsumfeld. Es entstanden Wohnghettos. Das alles hatte erschreckende Folgen. Es ist verständlich, wenn die öffentliche Diskussion um die staatliche Wohnungsbaupolitik an vielen Orten mit großer Vehemenz geführt wird.

Zunehmend in den Brennpunkt der Kritik geraten auch die großen Städte mit ihrer Wohnungs- und Städtebaupolitik. Insbesondere Berlin scheint in der Vergangenheit mit seiner Politik keine glückliche Hand gehabt zu haben. In den 70er Jahren kam es bei ehrgeizigen Prestigeprojekten immer wieder zu erheblichen Fehlplanungen, z. B. beim Steglitzer Kreisel. 1980 und 1981 kam es in Berlin zu Hausbesetzungen, die die gesamte Stadt erschütterten. Anfang 1982 gerieten die Praktiken eines großen gemeinnützigen Wohnungsbauunternehmens nicht zuletzt in Berlin ins Zwielicht.

Warum ausgerechnet Berlin?

Die Wohnungsversorgung in Berlin ist – global betrachtet – immerhin besser als im Bundesgebiet. Dort kommen auf 1 000 Haushalte 107 Wohnungen mit 39 qm Wohnraum pro Person. Berlin ist, was die Statistik betrifft, die mit Wohnungen bestversorgte Stadt Europas. Wenn kein allgemeiner Mangel an Wohnraum herrscht, was sind dann die Ursachen der zunehmenden Unzufriedenheit mit der Wohnungssituation in Ballungsgebieten wie Berlin? Denn Berlin steht ja nicht allein da! Ebenso wie in Berlin sind auch in Hamburg rd. 50 000 Wohnungssuchende registriert.

Grund für die Warteschlangen von Wohnungssuchenden in Großstädten ist nicht die Wohnungsnot traditioneller

Art, es handelt sich hierbei vielmehr um eine neue Form der Wohnungsnot: Es herrscht kein allgemeiner Mangel an Wohnraum, sondern ein Mangel an großen billigen Wohnungen. Das ist in Anbetracht der Zielvorstellungen und Möglichkeiten des sozialen Wohnungsbaus unverständlich. Immerhin stellt der Staat für den Wohnungsbau Jahr für Jahr Beträge in Milliardenhöhe zur Verfügung. Bei dem massiven Einsatz öffentlicher Mittel liegt die Vermutung nahe, daß der Staat – Bund, Länder und Gemeinden – nicht ganz schuldlos an den Schwierigkeiten im Wohnungs- und Städtebau ist. Dennoch scheint die Bereitschaft, die bisherigen Konzepte der Wohnungsbaupolitik umfassend zu überdenken, gering zu sein. Diese Haltung ist nicht verständlich. Nicht zuletzt machen die Engpässe beim Altbaubestand in den Ballungsgebieten *eine Wende in der bisherigen Wohnungs- und Städtebaupolitik dringend erforderlich.*

Die bestehenden Strukturprobleme im sozialen Wohnungsbau und bei der Förderungs- und Belegungspraxis können dauerhaft nur durch ein *Mehr an Marktwirtschaft* auch im Bereich des Wohnungsbaus gelöst werden. Die Fortführung der bisherigen Politik und erst recht eine Verstärkung der dirigistischen Anstrengungen – wie sie verschiedentlich, insbesondere für den sozialen Wohnungsbau gefordert wird – würden dagegen zu noch größeren Verwerfungen führen. Das politische Verlangen nach mehr Dirigismus klingt fast wie Hohn, wenn man die Folgen der bestehenden Wohnungsbaupolitik bedenkt: So fließt beispielsweise immer weniger privates Kapital in den Mietwohnungsbau, und der soziale Wohnungsbau erweist sich immer mehr als sozialpolitischer Fehlschlag. Auch die zunehmende Tendenz, Wohnungen leerstehen zu lassen, ist überwiegend ein Ergebnis der praktizierten Politik. Immerhin ist die Zahl der leerstehenden Wohnungen von etwa 300 000 im Jahre 1972 auf nahezu 700 000 im Jahre

1978 (Wohnungsbaustichprobe des Statistischen Bundesamtes) gestiegen.

Diese Schwachstellen lassen sich allerdings auch mit einer konsequenten und effizienten Wohnungs- und Städtebaupolitik nicht von heute auf morgen beseitigen. Der Wohnungsmarkt als ein Markt der Wohnungsnutzung reagiert auf Störungen sehr träge. Die Trägheit ist durch die Langlebigkeit des Gutes Wohnung bedingt. Eine Fehlinvestition im Wohnungsbereich bleibt über die gesamte Lebensdauer ein Fehlgriff. Besteht die Fehllenkung der Ressourcen „nur“ in Form einer falschen Belegung, so ist selbst in diesem Fall oftmals kein schneller Wandel zu erreichen. Die Fehllenkung kann auch nicht durch angemessene wohnungsbaupolitische Maßnahmen rasch überwunden werden. Die Hoffnung, daß z. B. über die Neubauförderung umfangreiche Umzugsketten ausgelöst werden und so letztlich auch jene profitieren, die Wohnungen mit geringerem Standard suchen, ist eine trügerische Hoffnung, die an wirtschaftlichen und gesellschaftlichen Realitäten scheitert.

Das alles mag zwar desillusionierend sein. Diese Desillusionierung ist aber unbedingt notwendig. Sie ist jeder wohnungs- und städtebaupolitischen Neuorientierung voranzustellen. Nur so kann verhindert werden, daß eine an sich richtige Wohnungsbaupolitik zu früh wieder fallengelassen wird. Denn nur so ist zu vermeiden, daß wieder Erwartungen geweckt werden, die doch nicht erfüllt werden können. Enttäuschungen und Überreaktionen bei den Bürgern würden anderenfalls kaum zu vermeiden sein. Das könnte wiederum bei den Politikern zu Kurzschlußhandlungen führen. Die Zuflucht zu übereilten und überzogenen Programmen und Rezepten wäre dann nicht mehr aufzuhalten.

Eine sachlich ausgewogene Politik muß insbesondere die Krise im sozialen Wohnungsbau und die seit längerem anhaltende Abstinenz privater Anleger im Mietwohnungsbau überwinden helfen.

Im Laufe der 70er Jahre haben sich vor allem die Versicherungsgesellschaften, einst bedeutende Träger des Wohnungs- und Städtebaus, immer mehr vom Wohnungsmarkt zurückgezogen. Während 1971 allein die Lebensversicherer noch in etwa 16 000 Wohneinheiten investierten, waren es 1979 nur noch 3 000, und die Tendenz ist weiter rückläufig. Der Wohnungsmarkt als Markt für Vermögenswerte ist völlig unattraktiv geworden. Warum sollen auch die Versicherungsgesellschaften ihr Kapital in Wohnhäusern anlegen, wenn die Renditen bei Schuldverschreibungen und Anleihen drei- bis viermal so hoch sind?

Die Versicherungswirtschaft wurde durch die Mietgesetzgebung der 70er Jahre regelrecht aus dem Wohnungsmarkt gedrängt. Die deutschen Lebensversicherer mußten 1981 rd. 30 Mrd. DM neu anlegen. Die Tendenz der vorangegangenen Jahre deutet darauf hin, daß von diesem Anlagepotential lediglich 1 bis 2 Prozent in den Wohnungsbau geflossen sind – verständlich bei so niedrigen Renditen. Höhere Renditen würden auch den Mietern zugute kommen. Denn: Der beste Mieterschutz ist noch immer ein ausreichendes Wohnungsangebot. Höhere Renditen würden aber auch der Bauwirtschaft mehr helfen als jedes staatliche Ankurbelungsprogramm im Baubereich. Im Vergleich zu den Möglichkeiten der Lebensversicherer sind staatliche Hilfen kaum mehr als der Tropfen auf den heißen Stein. Außerdem würden die Mittel der Versicherungswirtschaft relativ stetig fließen. Die Bautätigkeit der öffentlichen Hände verläuft dagegen in einem zyklischen – zumeist prozyklischen – Rhythmus.

Zur Verbesserung der privaten Investitionsbereitschaft glaubt manch ein Politiker Zaubermittel entdeckt zu haben. Staffelmiete, Aktualisierung der Mietspiegel im freifinanzierten Wohnungsbau und Zeitmietverträge – oder wie die Zauberformeln auch alle heißen – schaffen allerdings allein nicht die Wende zu angemessenen Renditen. Es reicht nicht einmal für eine Klimaverbesserung aus, zumal wenn notwendige Maßnahmen als zweijähriger Test angekündigt werden.

Auch gegen die Misere im sozialen Wohnungsbau meinen nicht wenige Politiker einen Gesundungstrank gebraut zu haben: die Fehlbelegungsabgabe. Die geplante Fehlbelegungsabgabe ist indes wohl nur ein Placebo, ein Scheinmedikament, verständlicherweise mit politischer Leuchtfarbe angepinselt. Die Fehlbelegungsabgabe schafft möglicherweise sogar mehr an neuen Problemen, als sie an alten löst. Wie gewaltig soll eigentlich der bürokratische Apparat zur Einziehung der Fehlbelegungsabgabe werden? Wieviel an Fehlbelegungsabgabe wollen die Politiker den mehr verdienenden Sozialmietern schließlich zumuten? Es sind doch alles Wähler. Ist die Fehlbelegungsabgabe unter diesen Umständen überhaupt noch ein geeignetes Mittel, um die Mehrverdienenden, die in Sozialwohnungen leben, aus dem Kreis der Sozialmieter herauszulösen?

Viel besser als eine Fehlbelegungsabgabe wäre eine grundsätzliche Regelung: die allgemeine Aufhebung des lebenslangen Sozialschutzes und die Einführung einer Sozialmiete auf Zeit. Jeder Sozialmieter würde nur für einen bestimmten Zeitraum – von beispielsweise fünf, sieben oder zehn Jahren – den Sozialtarif bekommen. Danach entfällt er automatisch. Es sei denn, die soziale Bedürftigkeit besteht weiter, dann kann der Mieter eine wiederum befristete Verlängerung des Sozialtarifs beantragen. Der Antragsteller muß selbst seinen Anspruch belegen. Mieter, deren Einkommen über die Berechtigungsgrenzen gestiegen sind, können in der Sozialwohnung bleiben, müssen dann aber die Marktmiete zahlen, oder sie suchen sich eine Wohnung auf dem freien Markt. Eine solche Regelung würde die soziale Komponente im Wohnungswesen voll berücksichtigen und könnte zugleich ein Schritt in die richtige Richtung zu mehr Wirtschaftlichkeit und Attraktivität sein.

10. Verkehrspolitik

Die Wertvorstellungen in der Verkehrspolitik haben sich im Laufe der Zeit deutlich gewandelt. Vor zwanzig Jahren existierte noch die heile Welt des Verkehrs bei Planern, Politikern und Bürgern. Ein verstärkt ausgebautes Straßennetz sowie verbesserte Bedingungen im öffentlichen Nah- und Fernverkehr wurden damals von allen Bevölkerungsschichten gewünscht. Auch Anfang der 70er Jahre wurde diese Linie noch vertreten. Die Verkehrspolitik der Bundesregierung schwamm auf der damaligen „Reformwoge" kräftig mit. Vieles sollte in Angriff genommen werden – beispielsweise:

— Mit einem 20 000-km-Autobahn-Plan sollte bis 1985 den meisten Bundesbürgern ein Autobahnanschluß fast an der eigenen Haustür geliefert werden.
— Durch ein 500-km-U-Bahn-Programm und ein 10-Mrd.-DM-S-Bahn-Programm wollte man bis 1985 den Anteil des Individualverkehrs am Berufsverkehr auf 50 Prozent abbauen.
— Für die Bundesbahn wurde ein regelrechter Investitionsschub in Aussicht gestellt.

Aber es ist nicht alles Gold, was glänzt, und auch die Pläne, Forderungen und Versprechungen mancher Politiker sind nicht unbedingt ihren Taten gleichzusetzen. Das goldene Zeitalter des Verkehrs dauerte nur bis 1974. Bis dahin stiegen die Verkehrsaufwendungen des Bundes im Vergleich zu seinen Gesamtausgaben überproportional; seitdem ist die Zunahme unterdurchschnittlich gewesen. So nahmen von 1970 bis 1980 die Verkehrsausgaben mit 120 Prozent unterproportional zu (Gesamtausgaben:

+145 Prozent). Das verkehrspolitische Wechselbad der 70er Jahre zeigt sich sehr eindrucksvoll bei der Deutschen Bundesbahn. Von 1969 bis 1974 wurden hier die Belegschaften um beinahe 10 Prozent (= 36 000) aufgestockt. Bis 1977 war die Zunahme schon wieder mehr als abgeschmolzen. 1979 betrug dann der Rückgang gegenüber 1974 fast 20 Prozent (= 79 000). Der starke Personalabbau der letzten Jahre macht die vorangegangene Ausweitung mehr als fraglich. Es ist kaum vorstellbar, daß das verkehrspolitische Konzept für die Bundesbahn, das Ende der 60er und Anfang der 70er Jahre zur Diskussion gestellt wurde und auch realisiert werden sollte, durchdacht gewesen ist. Es stellt sich verständlicherweise außerdem die Frage, inwieweit das derzeitige verkehrspolitische „Programm" mittelfristig ohne Verwerfungen auskommen kann.

Die gegenwärtige Verkehrspolitik wird entscheidend durch zwei Faktoren beeinflußt:

— Aufgrund der fiskalpolitischen Umklammerung ist die Verkehrspolitik offenbar zu einer Unterabteilung der Finanzpolitik geworden. Der Rotstift setzt oft da an, wo der geringste Widerstand erwartet wird.
— Es mehren sich die Anzeichen, daß die bisherige Verkehrspolitik auf breiter Front – nicht nur ihre Großprojekte – auf zunehmenden Widerstand in der Bevölkerung stößt. Der Verkehrsbau ist neben dem Kraftwerksbau zum „Prügelknaben" geworden.

Es scheint sich immer mehr das genaue Gegenteil der verkehrspolitischen Euphorie der frühen 70er Jahre durchzusetzen. Dieses neue Extrem, z. B. der rigorose Verzicht im Straßenbau, ist keine sinnvolle Antwort auf die Fehler der Vergangenheit. Denn: Das Grundnetz der Fernstraßen hat noch seine – wenn auch wenigen – Engpässe, auf den Hauptstrecken der Bundesbahn gibt es teilweise noch starke Überlastungen, und auch für den Luftverkehr ist ein

Stopp keine brauchbare Lösung. Daneben verlangen auch umweltpolitische Überlegungen zusätzliche verkehrspolitische Initiativen – beispielsweise den Bau von Umgehungsstraßen oder andere verkehrspolitische Maßnahmen der innerörtlichen Verkehrsberuhigung.

Die Gestaltung eines rationalen, kostengünstigen und funktionsfähigen Gesamtverkehrssystems ist oft diskutiert und beschrieben worden. Ebenso sind die verkehrspolitischen Schwachstellen und Fehler oft aufgedeckt worden. Es wäre müßig, den Sündenkatalog noch einmal lückenlos darzustellen oder ein tragfähiges Gesamtkonzept im Detail zu schildern. Es genügt, die verkehrspolitischen Eckpfeiler aufzuzeigen:

— Für die Politmatadore scheint es attraktiv zu sein, durch Politmarketing im Bereich der Verkehrspolitik – insbesondere des Straßenbaus – auf Stimmenfang zu gehen. Das gilt sowohl für die lautstarke Befürwortung als auch die überlaute Ablehnung von Projekten. Soll die Formel „Bürger und Staat – Partner in der Verkehrspolitik" inhaltlich ausgefüllt werden, so sind die Bürger *glaubhaft* in den politischen „Lernprozeß" einzubeziehen.

  Dies ist allerdings kein Feld für Verkehrspolitik-Shows. Die Beteiligung der Bürger darf notwendige Entscheidungen nicht verhindern oder unangemessen verzögern. Mehr Bürgernähe und mehr Beteiligung der Bürger verlangen von Politikern und Verwaltungen nicht selten mehr Rückgrat und Stehvermögen als eine Politik, die die Bürger nicht beteiligt. Die Einbeziehung der Bürger verlangt auch von diesen einiges. Sie müssen bereit sein, sich Informationen teilweise selbst zu beschaffen – das ist sicherlich anstrengend. Und sie müssen bereit sein, soviel Objektivität wie möglich aufzubringen. Wer meint, das alles wäre einfach, der irrt gewaltig.

- Die Anstrengungen der Verkehrspolitik, die Verkehrsträger im Wege der Kooperation enger miteinander zu verzahnen, sind nicht unbedacht zu verstärken. Es wäre nämlich falsch, einer übertriebenen Kooperation das Wort zu reden. Auch ein Verkehrssystem braucht den Wettbewerb, die Konfrontation der Leistungen. Auf den Wettbewerb zwischen den Transportketten kann nicht verzichtet werden. Das schließt nicht aus, daß Leistungen kooperativ angeboten und erbracht werden. Aber es ist immer zu bedenken, daß mangelnder Leistungswettbewerb auf Dauer viele Nachteile bringt und letztlich den Nachfragern – teilweise aber auch den Anbietern – schadet. Wenn es im ökonomischen Bereich überhaupt eine These gibt, die getestet ist, dann die Aussage, daß es durch intensiven Wettbewerb zu einem Mehr an Leistung kommt. Sicherlich kann man in der Verkehrspolitik über Details diskutieren, aber einen Punkt sollten wir allgemein akzeptieren: Wettbewerb und die Intensivierung des Wettbewerbs sind Mittel, um Leistungsreserven zu mobilisieren.
- Neben allgemeineren Restriktionen gibt es in der Verkehrspolitik vor allem zwei Instrumente – nämlich die recht starre Tarifgestaltung sowie die Kontingentierung und Konzessionierung –, durch die Wettbewerb und Leistung vielfach begrenzt werden. Im Verkehrsbereich gibt es keine freie Preisbildung, sondern es liegen staatlich genehmigte Tarife vor. Selbst in Bereichen, in denen Margentarife gelten, ist die Starrheit relativ groß. Zumal wenn die Margen wie im Straßengüterfernverkehr so ausgestaltet sind, daß rund 60 Prozent der Transporte an der Tarifuntergrenze abgerechnet werden. Damit ist der Margentarif in der Praxis zu einem Untergrenzen-Festpreis umfunktioniert worden – und zwar zu einem überhöhten Festpreis. So konnte auch der Werkverkehr, obwohl dieser aufgrund gesetzlicher

Regelungen (die üblichen Rückfrachten sind nicht zulässig) benachteiligt ist, in den letzten Jahren kräftig expandieren.

Die überhöhte Preisfestsetzung hat teilweise extreme Dimensionen erreicht. Wenn z. B. aus dem österreichischen Grenzgebiet über die Deutsche Bundesbahn eine Fracht in den norddeutschen Raum befördert wird, kostet diese nur die Hälfte wie die Beförderung aus dem bayerischen Grenzgebiet. Im ersten Fall besteht ein Wettbewerb mit dem internationalen Straßengüterverkehr. Im zweiten Fall ist der Wettbewerb staatlicherseits ausgeschaltet.

Daneben regelt der Staat auch den Zugang zum Verkehrsmarkt. Fahrzeugkonzessionen werden nur in sehr restriktiver Form vergeben, um Straßentransportleistungen zugunsten der Bundesbahn künstlich zu verknappen. Wegen der vielfach überhöhten Tarife und damit auch beträchtlichen Gewinne ist die Nachfrage nach Konzessionen aber so hoch, daß sich ein lukrativer grauer Markt gebildet hat. Eine schrittweise Auflockerung des Systems von Kontingentierung und Konzessionierung, ein allmählicher Abbau der Tarife sowie am *Ende* des Liberalisierungsprozesses Aufhebung des – auch energiepolitisch unsinnigen – Verbots für den Werkverkehr, Transporte für Dritte zu übernehmen, scheinen unumgänglich zu sein.

— Zum Vorteil der Deutschen Bundesbahn sollte man folgende Maßnahmen durchführen: Verwaltungsrat und Vorstand der Bundesbahn müssen endlich eine angemessene Entscheidungsbefugnis erhalten. Nur so können sie den Auftrag, die Bahn wie ein Wirtschaftsunternehmen zu führen, erfüllen.

Der Auftrag sollte allerdings auf die Betriebsaufgaben beschränkt sein (Trennung von Schiene und Betrieb). Die entgegenstehenden gesetzlichen Bestimmungen sind zu ändern. Dabei ist es nicht unbedingt erforderlich, den Bahnbetrieb tatsächlich als Unternehmen zu organisieren. Erforderlich ist aber, daß die Bahn den notwendigen Handlungsspielraum erhält. Die Umwandlung der Bundesbahn in eine bundesunmittelbare Anstalt des öffentlichen Rechts scheint ein Ansatz zu sein, der näher geprüft werden sollte.

Die Bahn soll nach dem Bundesbahngesetz gleichzeitig kaufmännisch und gemeinwirtschaftlich handeln. Der finanzielle Ausgleich nach § 28 a durch den Bund kann – jedenfalls in seiner Handhabung – diesen Widerspruch nicht aufheben. Das liegt im wesentlichen daran, daß nicht alle gemeinwirtschaftlichen Leistungen abgegolten werden und der Ausgleich auch nicht immer in voller Höhe gewährt wird.

Die Wegekosten werden der Bahn voll angelastet. Damit ist die Bahn jedoch überfordert, weil die Wegevorhaltung primär eine gemeinwirtschaftliche Aufgabe ist. Die Vorschrift des § 28, wonach die Bahn sich auch für die Wegevorhaltung die erforderlichen Mittel selbst beschaffen und eine angemessene Verzinsung des Anlagekapitals erreichen muß, ist eine Utopie. In Wirklichkeit bezahlt deshalb auch der Bund die Wegeinvestitionen aus dem Bundeshaushalt. Die Zahlungen sind jedoch in das Belieben des Bundes gestellt. Er kann die Bahn jederzeit an den Kapitalmarkt verweisen. Der Widerspruch in der Zielsetzung muß eindeutig in der Weise gelöst werden, daß jeweils ausschließlich der Bund die gemeinwirtschaftlichen und die Bahn die kaufmännischen Ziele zu vertreten haben.

— Die angemessene Verknüpfung von öffentlichem Personenverkehr und Individualverkehr wird immer mehr zu einer Frage der Qualität und immer weniger eine Frage der Quantität des öffentlichen Personenverkehrs. Die Defizite im öffentlichen Nah- und Fernverkehr sind nur über eine größere Attraktivität des öffentlichen Verkehrs abzubauen. Modellversuche müssen zeigen, ob eine bessere Auslastung auch *ohne* große finanzielle Anstrengungen erreicht werden kann. Die Modellversuche im Rahmen der neuen Verkehrstechnologien (Kabinentaxis, Großkabinen-Systeme, Magnetschwebe-Fahrtechnik usw.) sollten verstärkt werden. Auf diese Weise ließen sich teure Fehlinvestitionen vermeiden und sinnvolle Zukunftsinvestitionen in die Wege leiten.

— Die ersten vorsichtigen Versuche einer Abkehr vom übertriebenen Perfektionismus müssen konsequent fortgeführt werden. Das technisch Optimale darf nicht ständig im Vordergrund stehen. Es ist finanziell auf Dauer nicht tragbar, und es ist auch ökonomisch oft nicht sinnvoll. Fantastische Höchstgeschwindigkeiten für die Deutsche Bundesbahn mögen zwar reizvoll erscheinen, lassen sich aber kaum unter ökonomischen und umweltlichen Gesichtspunkten vertreten. Je höher die gefahrenen Geschwindigkeiten sind, um so höher sind auch der Verschleiß, die Wartungskosten, die Risiken und die Umweltbelastungen. Diese Faktoren wachsen deutlich überproportional zur steigenden Geschwindigkeit. So nimmt beispielsweise die Gefahr von Beinahe-Unfällen in potenzierter Form zu. Entsprechendes gilt für den Straßenbau. Die Breite einer Straße muß nicht am Spitzenbedarf zu Ostern oder Pfingsten ausgerichtet sein. Man kann dem Bürger auch zumuten, im engeren Kurvenwinkel langsamer zu fahren, wenn dadurch Fläche und Kosten eingespart werden können. Dann lassen sich bei straßenbaulichen Maßnahmen auch leichter Gesichtspunkte des Umweltschutzes und der Landschaftspflege berücksichtigen.

Die große finanzielle Flaute in den Staatskassen und die zunehmenden Widerstände durch die Bürgerinitiativen haben den verkehrspolitischen Gigantismus der frühen 70er Jahre zurechtgestutzt. Es gilt, diese Situation für einen bedarfsgerechten Ausbau der Verkehrsstruktur zu nutzen.

11. Umwelt

Das erste Jahrzehnt einer bewußten Umweltpolitik liegt hinter uns. 1971 verabschiedete die Bundesregierung ihr Umweltprogramm. Jahr für Jahr wurden neue Umweltschutzgesetze erlassen. Aber es wurde nicht nur auf dem Papier etwas getan. Die Wirtschaft, Bund, Länder und Gemeinden wandten von 1971 bis 1980 etwa 120 Milliarden DM für den Umweltschutz auf. (Das ist z. B. fünfmal soviel, wie Bund und Länder in dieser Zeit für den sozialen Wohnungsbau ausgaben.) Maßnahmen zur Säuberung der Luft und des Wassers, zur Eindämmung des Lärms und zur Beseitigung des Abfalls wurden mit den 120 Milliarden DM finanziert. Umweltschutz ist zweifellos ein teures Unterfangen, aber es zahlt sich auch aus. Jedenfalls weisen Staat und Wirtschaft auf deutlich sichtbare Erfolge hin:

— Die Schadstoffbelastung der Luft hat sich verringert.
— Der Ausbau von Kläranlagen hat die Wasserqualität stabilisiert.
— Die vielschichtigen Anstrengungen der Abfallwirtschaft haben für die Rohstoffwiederverwertung (Recycling) neue Perspektiven eröffnet.
— Die Lärmbelastung ist erheblich reduziert worden.

Dennoch ist sicherlich vieles noch nicht befriedigend gelöst. So wird der Protest der „Umweltschützer" gegen die praktizierte Umweltpolitik des Staates und der Unternehmen vermutlich noch wachsen. Der Protest nimmt teilweise Formen des gewaltsamen Widerstandes an. Es scheint, daß in Fragen des Umweltschutzes in der Bundesrepublik, aber auch in anderen hochindustrialisierten Ländern, unüberbrückbare Gegensätze aufzubrechen drohen.

Die eine Seite – das sind insbesondere Wirtschaftspolitiker und Vertreter der Unternehmen – betont Maßnahmen und Aktivitäten, durch die es machbar erscheint, das Umweltproblem in die Fragen von Wirtschaftswachstum, Energie- und Ressourcenmanagement sinnvoll zu integrieren. Neben Maßnahmen der Verringerung vorhandener Umweltbelastungen treten vorbeugende und antizipierende Aktionen. Die andere Seite – das sind die „Alternativen" – sieht die Möglichkeiten selbst der antizipatorischen Umweltpolitik als zu begrenzt an. Nach ihrer Ansicht ist lediglich durch alternativen Lebensstil und alternative Wachstumsmuster eine gesunde Umwelt zu erreichen. Die Alternativen sind nämlich der Meinung, daß die Kräfte der Umweltzerstörung in den Verhaltensweisen und in den kulturellen Traditionen sowie in den wirtschaftlichen Institutionen unserer Gesellschaft zu suchen sind. Hier offenbaren sich enorme, nur schwer überbrückbare Differenzen.

Anfang der 70er Jahre gab es diese (grundsätzlichen) Differenzen noch nicht. Es ist allerdings fraglich, ob vor zehn Jahren die Umweltbelastung in der Bundesrepublik geringer als heute gewesen ist. Damals haben sich indes unter dem Wort „Umweltschutz" weniger als die Hälfte der Deutschen inhaltlich etwas vorstellen können. Das ist innerhalb weniger Jahre glücklicherweise völlig anders geworden. Bereits 1977 gaben rd. 60 Prozent der Bevölkerung an: Sie hielten den Umweltschutz für ein wichtiges politisches Ziel. So ist es verständlich, daß Umweltschutz ein wesentliches Motiv und Aushängeschild in wichtigen Bereichen des politischen Handelns geworden ist. Die Verantwortung tragenden Politiker nahmen sich dieses Ziels auf ihre Art und Weise an. Es ist indes die Frage, ob diese „Art und Weise" richtig gewesen ist.

Es ist nicht zu bestreiten, die Politiker haben sich den Aufgaben des Umweltschutzes mit großem Ernst gewidmet. Es ist auch ihr Verdienst, wenn Umweltverschmutzung heute nicht mehr als Kavaliersdelikt angesehen wird. Allerdings darf diese Einstellung nicht nur theoretisch sein, sie darf nicht nur auf dem Papier stehen, sondern sie muß auch das eigene Verhalten und Handeln konkret bestimmen. Das ist leider nicht immer der Fall. Beispielsweise herrscht auf dem Papier eine breite Übereinstimmung darüber, daß die Landwirtschaft zu viele Chemikalien verwendet. 1980 soll die Landwirtschaft für ca. 840 Millionen DM Pflanzenschutzmittel eingesetzt haben. Ein vielstimmiger Schrei des Protestes schlägt den Bauern entgegen. Wie wenig wird dagegen beachtet, daß protestierende Bürger selbst zu Giftmischern werden können. Die deutschen Hobbygärtner sollen 1980 für rd. 130 Millionen DM Gifte aller Art in ihren Zier- und Nutzgärten verspritzt, versprüht und verstreut haben. Die Dosierung war nicht selten höher als in der Landwirtschaft. Das ist kaum verständlich. Denn für den Hobbygärtner dürfte es um ein Vielfaches leichter sein als für den Landwirt, seine Produkte ohne zusätzliche Chemikalien zu säen, zu pflegen und zu ernten. Der größte Teil der Bevölkerung erklärt den Umweltschutz zwar zum wichtigen *politischen* Ziel, aber es stufen bei weitem nicht alle „politischen" Umweltschützer dieses Ziel auch als wichtige *individuelle* Verhaltensmaxime ein.

Umweltschutz ist noch immer nicht genügend aus dem Theoretischen, aus dem abstrakt Geforderten in das anschaulich Erlebbare umgesetzt worden. Darüber dürfen auch spektakuläre Großveranstaltungen unter dem Schlagwort des Umweltschutzes nicht hinwegtäuschen, zumal die Zahl der „eingeflogenen" Protestierer recht groß sein kann und diese oft den größten Lärm machen.

Je mehr Politiker darauf bestehen, Umweltschutz lasse sich durch Gesetze anordnen, um so größer wird die Gefahr, daß die Erlebbarkeit und Greifbarkeit des Umweltschutzes leidet. Im täglichen Einerlei wird dann der Umweltschutz leicht vergessen. Diese Überlegung bedeutet nicht, daß die Umweltbelastungen ohne staatliche Umweltschutzbestimmungen nennenswert abgebaut werden können. Das beileibe nicht! Vielleicht gehört der Umweltschutz sogar zu den Bereichen, die ohne Gesetze am wenigsten auskommen. Denn: Umweltschutz kann sicherlich nicht allein der Verantwortung des einzelnen gegenüber der Gesellschaft überlassen sein. Aber: In den letzten Jahren haben die Unternehmen vergleichsweise viel für den Umweltschutz getan bzw. tun müssen. Doch der Bürger erfuhr hiervon nur wenig. Nach Schätzungen des Battelle-Instituts sind von 1977 bis 1981 allein von den Unternehmen rd. 50 Milliarden DM (einschließlich der Gebühren und Beiträge an den Staat) für den Umweltschutz aufgebracht worden. Indes sind nur wenige Unternehmen auf die Idee gekommen, ihre langjährigen Aktivitäten für den Umweltschutz z. B. einmal in den Geschäftsberichten angemessen darzustellen.

Das Marketing des Umweltschutzes wird fast ausschließlich den Politikern sowie den Alternativen und deren Anhängern überlassen. Sicherlich auf Dauer keine günstige Konstellation. Denn einmal wird die staatliche Machbarkeit überbetont, und zum anderen werden spektakuläre Umweltschäden als das Normale hingestellt. Das tägliche „klein-klein" des Umweltschutzes müssen wir stärker in die öffentliche Diskussion einbeziehen. Nur dann kann erreicht werden, daß im Bereich des Umweltschutzes der Spielraum des Machbaren rasch und konsequent ausgeschöpft wird. Die Frage ist, wo sollte der Hebel vor allem angesetzt werden, um deutliche Fortschritte zu erzielen?

Zweifellos muß der Hebel zunächst einmal im Bereich der Gesetzgebung angesetzt werden. Nach Angaben des Umwelt-Bundesamtes existieren allein auf dem Gebiet des Immissionsschutzrechtes etwa 1 350 Gesetze, Verordnungen, Verwaltungsvorschriften und Erlasse. Professor Holger Bonus führt folgende Ursachen für diesen Reglementierungsdschungel an: „Auflagen, Gebote und Verbote, die Command-and-control-Instrumente also, sind nachgewiesenermaßen ökonomisch so ineffizient wie nur denkbar. Gleichwohl sind sie mit Abstand am populärsten. Für den Mann auf der Straße sind sie eben einleuchtend, und deshalb lassen sie sich auch politisch am besten durchsetzen. Sie kommen im übrigen der Denkweise der Juristen am nächsten, die in Gesetzgebung und Bürokratie das Übergewicht haben; und schließlich sind sie auch innerhalb der gewachsenen Unternehmenshierarchie selbst angenehm."

Zur Einschätzung dieser Reglementierungssucht bemerkt er: „Es soll nicht verhehlt werden, daß diese Instrumentengruppe in vielen Fällen wegen ihrer direkten Wirksamkeit unentbehrlich ist. Sie ist gewissermaßen eine Notbremse: sehr teuer in der Anwendung, dann aber auch rasch und sicher. Wie eine Notbremse sollte sie allerdings auch nur in sparsamer Dosierung verwendet werden; die gegenwärtige Umweltpolitik zieht sie statt dessen für den Regelfall heran."

Hinzu kommt, daß der bürokratische Umweltschutz nicht wettbewerbsneutral ist. Der Rat der Sachverständigen für Umweltfragen sieht die Benachteiligung kleiner und mittlerer Unternehmen aufgrund der Planungsmodalitäten im öffentlichen Bereich als erwiesen an: „Es ist festzustellen, daß bei straffer Durchführung der Überwachungstätigkeit durch die Behörden ein großer Teil der kleinen und mittleren Unternehmen bestimmter Wirtschaftszweige schließen muß" (Umweltgutachten 1978). Außerdem bevorzugt die staatliche Forschungsförderung auch im Bereich des Umweltschutzes offensichtlich Großunternehmen gegenüber mittelständischen Unternehmen.

Ein weiterer großer Nachteil des staatlichen Umweltschutzes ist, daß er zu starr und damit ineffizient wird. Der bürokratische Umweltschutz läuft wirtschaftlich u. a. darauf hinaus, daß wertvollste Emissionsrechte so lange gratis vergeben werden, bis die regionalen Immissionswerte erreicht sind. Von da an haben expandierende ansässige und neue ansiedlungswillige Betriebe praktisch keine Chance mehr zur Verwirklichung ihrer Pläne. Im Zweifelsfall werden sie ihre Pläne in einer anderen Region realisieren. So besteht die Gefahr, daß die stagnierenden Branchen, die keine neuen genehmigungspflichtigen Anlagen benötigen, in der alten Region verbleiben. Das kann ökonomisch nicht sinnvoll sein. Außerdem kann das Beispiel als ein wichtiger Hinweis für die zum Teil deutlich erkennbare Hilflosigkeit staatlicher Umweltpolitik dienen.

Es muß darum die Frage gestattet sein, ob nicht marktwirtschaftliche Lösungen dem Ziel des Umweltschutzes zumindest in Teilbereichen mehr zugute kommen als die praktizierten bürokratischen Vorgehensweisen. Sicherlich ist es weder ökonomisch noch ökologisch vertretbar, die bestehenden Vorschriften vollständig abzuschaffen und durch marktwirtschaftliche Preismechanismen zu ersetzen. Es scheint aber notwendig zu sein, verstärkt marktwirtschaftliche Anreize in den Dienst des Umweltschutzes zu stellen, um diesen attraktiver zu machen. Außerdem würde ein Mehr an marktwirtschaftlichen Elementen der Anpassung an den wirtschaftlichen Strukturwandel nicht im Wege stehen. Schließlich könnten die Hersteller von Umweltschutzanlagen und umweltfreundlichen Produktionsmethoden attraktive und zukunftsträchtige Märkte erschließen. Wer als erster die umweltfreundlichen Technologien anbieten kann, hat einen erheblichen Vorsprung, und zwar weltweit.

Für mehr Marktwirtschaft im Umweltschutz gibt es bereits heute Vorschläge. Diese zeigen: Auch in Fragen des Umweltschutzes ist die Marktwirtschaft keineswegs am Ende. Eine stärker marktwirtschaftliche Lösung hätte in den Bereichen, in denen sie zum Tragen käme, beispielsweise den Vorteil der höheren Flexibilität und Effizienz sowie der besseren Sichtbarkeit der Kosten des Umweltschutzes. Folgende Ansätze sind u. a. vorgeschlagen worden und werden teilweise bereits heute praktiziert.

Größere Flexibilität und Effizienz können durch sogenannte fungible Emissionsrechte, das sind flexible Abgaben, erzielt werden. Ihre Ausgestaltung wird nicht im politischen Prozeß, sondern auf dem Markt festgelegt. Der Staat bestimmt lediglich den Rahmen. So setzt er durch gesetzgeberische Norm beispielsweise die höchstzulässige Gesamtbelastung für eine bestimmte Region fest. In dieser Höhe werden dann „Umweltzertifikate“ ausgegeben. Die Zertifikate erlauben den Inhabern, für eine bestimmte Dauer eine bestimmte Schadstoffmenge zu emittieren.

Die Zertifikate werden meistbietend angeboten. Die Unternehmen haben nun folgende Möglichkeiten: den Marktpreis für die Zertifikate zu bezahlen, in Umweltschutzeinrichtungen zu investieren sowie die Produktion einzuschränken oder umzustellen. Jedes Unternehmen kann sich frei entscheiden. Kleinere Unternehmen wären nicht wie im Falle des bürokratischen Umweltschutzes gegenüber großen Unternehmen benachteiligt. Die Unternehmen wählen diejenige Lösung aus, die für sie die geringsten Kosten verursacht.

Der Staat könnte auch pro Mengeneinheit Emission eine fixierte „Umweltabgabe“ erheben. Die Unternehmen könnten ihre Strategie wieder frei wählen. Umweltzertifikate und Umweltabgabe funktionieren also im Prinzip ähnlich. Eine stärker marktwirtschaftlich ausgerichtete Umweltpolitik ist möglich. Ob nun gerade Umweltzertifikate und Umweltabgaben grundsätzliche Lösungsansätze für verschiedene Bereiche des Umweltschutzes darstellen, muß sorgfältig geprüft werden. Dabei ist u. a. darauf zu achten, daß Umweltschutzmaßnahmen in einer Region die Umwelt nicht in anderen Regionen belasten. So werden durch den Bau hoher Schornsteine zwar die Immissionen in diesem Gebiet verringert, aber dafür in anderen Gebieten erhöht.

Das Prinzip der fungiblen Emissionsrechte wird bereits heute in den USA praktiziert, z. B. beim „kontrollierten Umwelthandel". Der folgende Fall soll diesen Ansatz veranschaulichen.

Eines der ersten und spektakulärsten Beispiele einer „Offset-Policy" oder „Ausgleichspolitik" zum Zwecke der Ansiedlung eines neuen Betriebes war der „kontrollierte Umwelthandel" zwischen dem Staat Pennsylvania und Volkswagen: Das Gebiet, in dem Volkswagen vor einigen Jahren eine zum Teil von Chrysler erstellte Fabrikationsanlage erwerben wollte, war ein Belastungsgebiet für photochemische Oxidationsstoffe. Pennsylvania änderte das Verfahren beim (Asphalt-)Neubau und bei der Reparatur von bestehenden Straßen und vermied dadurch die Emission von jährlich 1 025 Tonnen Kohlenwasserstoffen. Diese Menge überkompensierte die von VW erwartete Emissionsmenge von 898 Tonnen Kohlenwasserstoffen. Das Verhältnis von vermiedenen zu neuen Emissionen (Offset-Verhältnis) betrug dabei 1,14 zu 1. (In den meisten Fällen wird von den staatlichen Stellen ein Verhältnis zwischen 1,1 bis 1,3 zu 1 verlangt.) Volkswagen erhielt diese Offsets kostenlos und mußte sich lediglich verpflichten, den Betrieb anzusiedeln. Die Ausgleichspolitik des „kontrollierten Umwelthandels" schafft vielfach einen ökonomischen Anreiz, über die Vermeidungsvorschriften hinauszugehen und Guthaben im Bereich der Emissionsminderung zu erwerben. Diese Ausgleichspolitik wird am häufigsten innerhalb der Unternehmen durchgeführt, während der unternehmensexterne Ausgleich (siehe VW-Beispiel) wesentlich seltener ist.

Kosten, Erfolge oder Mißerfolge des Umweltschutzes wären im Rahmen von fungiblen Emissionsrechten besser zu erkennen. Damit müßten die Politiker endlich Farbe bekennen, zu welchem Preis sie bereit sind, die Umweltbelastungen abzubauen. Sie könnten sich nicht mehr hinter dem Gesetzesdschungel verstecken und den Bürgern weismachen wollen, daß sie alles für den Umweltschutz getan hätten. Schließlich würden im Unternehmensbereich im Interesse des Umweltschutzes spürbare Impulse ausgelöst werden. Dynamische Hersteller von Umweltschutzanlagen könnten nämlich gezielt in Konkurrenz zueinander kostengünstige Lösungen zur Reduzierung der Umweltbelastungen anbieten und den Umweltschutz vorantreiben. Ein regelrechter Innovationsschub in der Umwelttechnologie wäre mit großer Wahrscheinlichkeit die Folge.

Die Erfolge der letzten Jahre beim marktwirtschaftlich orientierten Rohstoff-Recycling sprechen jedenfalls eine deutliche Sprache. Die Umwelt und ihre Ressourcen wurden dadurch entscheidend entlastet und geschont. Ein solch erfolgreiches Vorgehen auf breiter Front hätte auch noch den Vorteil, daß mit der Lebensangst der Menschen nicht mehr in dem Maße ein politisches Geschäft gemacht werden könnte. So müßten die Alternativen konkret beweisen, daß sie bessere Vorschläge haben. Dies alles wäre sicherlich im Interesse des Umweltschutzes.

DIE SIGNALE AUF „FREIE FAHRT“ STELLEN

Welche Regierung die beste sei?
Diejenige, die uns lehrt, uns selbst zu regieren.
Johann Wolfgang von Goethe

I. EINE ANDERE STRECKENFÜHRUNG

Es soll in diesem Kapitel ein Konzept aufgestellt werden, das uns als Leitstrahl für die Zukunft dienen kann, der auch in schwierigen Situationen ein zielgerichtetes Handeln erlaubt. Die hier vorgeschlagenen Lösungen sind Heilmittel, aber keine Patentlösungen. Diese gibt es nicht. Auf Wunderheilungen müssen wir verzichten. Das Goldene Zeitalter hat es nie gegeben und wird es auch niemals geben.

Die Erfahrung der letzten zwanzig Jahre lehrt uns: Politiker dürfen nicht um des Staates willen Politik machen. Politik ist für das Leben, für die Menschen da. Die Politik darf nicht menschliches Handeln einengen, sondern muß es sich voll entfalten lassen: mehr Spielraum und mehr Eigenständigkeit für den einzelnen. Wir brauchen nicht in erster Linie das staatlich geförderte Großprojekt. Wir müssen wieder mehr dem Genius des einzelnen zutrauen als staatlichen Reglementierungen. Für das soziale und wirtschaftliche Geschehen in unserem Lande heißt dies: Der Staat errichtet die Leitplanken, er schafft faire Rahmenbedingungen. Aber die Straßen bleiben frei. Befreien wir uns von der Illusion, der Staat könnte uns in allen Lebenslagen die Richtung weisen. Wir selbst müssen unseren Weg wählen – wir müssen selbst die Strecken bestimmen. Die Vergangenheit zeigt immer wieder, daß das „Händchenhalten" des Staates zu leicht in einer Sackgasse endet, sei es in der Wohnungsbaupolitik, sei es in der Gesundheitspolitik, in der Bildungspolitik oder in unseren mitmenschlichen Beziehungen. Man hat uns erzählt, wie gut es unsere alten Leute in Altersheimen haben, man hat dabei verschwiegen, daß sie im Kreise ihrer Familien einen erfüllteren Lebensabend erleben. Man will uns weismachen, daß es so etwas wie makroökonomische Gerechtigkeit gibt. Makroökonomische Gerechtigkeit ist aber schlimmer als platonische Liebe.

Der einzelne sieht die Gefahren seines Lebens und die seiner Mitmenschen. Deshalb muß sich der Bürger wieder selbst ans Steuer setzen. Der Staat kennt nicht die gefährlichen Kreuzungen unseres Lebens. *Wir* müssen an den kritischen Stellen hellwach sein und dürfen nicht schlafen – in unserem und im Interesse unserer Mitmenschen. Machen wir den Irrungen der Vergangenheit ein Ende.

Wir brauchen eine Wirtschafts- und Gesellschaftspolitik, die das Humankapital genauso ernst nimmt wie das Sachkapital, die die geistigen Fähigkeiten und die Kreativität der Menschen nicht einengt. Deshalb brauchen wir eine soziale Marktwirtschaft als Synthese aus Liberalismus und Sozialstaatlichkeit, die dem einzelnen Menschen genügend Raum zur persönlichen Entfaltung läßt. Die nachindustrielle Gesellschaft muß neue Konzepte für Arbeit, für ein natürliches Miteinander und für die soziale Verantwortung entwickeln. Dann könnten auch „Aussteiger" ihren Platz finden.

Der Wendepunkt im Krieg gegen die Natur muß erreicht werden. Aufbauend auf umwelt- und rohstoffschonenden Produktionsverfahren sowie auf regenerativen Energiequellen werden uns Elektronik und Computerindustrie den Weg in die nachindustrielle, in die Dienstleistungsgesellschaft weisen. Unter Ausschöpfung aller Kreativitätspotentiale kann es gelingen, den Durchbruch zu schaffen. Der Computer wird in den Wohnungen Einzug halten, die Fabriken werden kleiner, ein Teil der Maschinen ferngesteuert, der gigantische Papierkrieg verschwindet weitgehend. Die computergestützte Verlagerung von Arbeitsplätzen aus Fabriken und Büros in die eigenen vier Wände oder in Zweigstellen der Firma in der Nähe der Wohnung bringt insbesondere im Bereich der individuellen Arbeitsplatz- und Arbeitszeitsouveränität große Vorteile.

Dies alles setzt aber auch große Investitionen und damit genügend Eigenkapital voraus. Es stellen sich die Fragen: Haben wir die politische Reife, um diesen Wandel zu bewerkstelligen? Wird es gelingen, daß der Wandel der Gesellschaft wieder seinen Niederschlag in der Politik findet? Kann das Mißverhältnis zwischen dem, was z. B. Wissenschaftler für die Zukunft fordern, und dem, was die Politik sich zutraut, beseitigt werden?

Um hierauf positive Antworten zu geben, müssen die Möglichkeiten, die wir zweifellos besitzen, ordnungs- und gesellschaftspolitisch unterstützt werden. Die Chancen, die uns zukunftsträchtige Bereiche wie die Informationstechniken bieten, werden wir nur dann voll nutzen können, wenn wir unsere marktwirtschaftliche Ordnung von dem zentralverwaltungswirtschaftlichen Ballast, der sich in den vergangenen Jahren angesammelt hat, befreien.

1. Stärkung der marktwirtschaftlichen Elemente

In der Öffentlichkeit entsteht immer wieder der Eindruck, unser marktwirtschaftliches System hätte versagt und würde damit auch in der Zukunft versagen. Das ist falsch! Die Politiker haben vielmehr in der jüngeren Vergangenheit durch gedankliche Anleihen aus dem Bereich der östlichen Planwirtschaften – Anleihen, die sie zum Teil auch in die Tat umsetzen konnten – die Vorzüge unseres Wirtschaftssystems ausgehöhlt. Es gilt, aus den Fehlern der Vergangenheit für die Zukunft zu lernen.

Eine Wirtschaftsordnung wird auf Dauer nur erfolgreich sein, wenn die gesamtwirtschaftliche Lenkung der Güter in einer Weise geschieht, die ihrer relativen Knappheit entspricht, d. h., die *Allokation* der Produktionsfaktoren muß im gesamtwirtschaftlichen Rahmen optimal sein. Alle entwickelten Volkswirtschaften sind hochgradig arbeitsteilige Wirtschaften. Die Produktion dient nicht der unmittelbaren Eigenversorgung, sondern es wird fast ausschließlich für andere Organisationen oder andere Personen produziert.

Mit der volkswirtschaftlichen Arbeitsteilung wurde ein äußerst komplizierter Austausch von Gütern und Dienstleistungen erforderlich. Die Tatsache, daß eine Volkswirtschaft wie die der Bundesrepublik Deutschland 20 bis 30 Millionen Produkte herstellt, illustriert den Umfang der möglichen Verbindungen vielleicht am deutlichsten. Dieser Austausch kann nur mit einem optimalen Lenkungssystem gelingen. Effizienzverluste treten auf, wenn der Güter- und Leistungsfluß nicht reibungslos funktioniert, wenn also Güter und Faktoren nicht – auf dem kürzesten Wege – in die Bereiche gelangen, in denen sie am dringendsten benötigt werden.

Während bei uns die Lenkungs- und Knappheitsbedingungen in der Regel mit hoher Geschwindigkeit über

Marktpreise koordiniert werden, erfolgt in der Zentralverwaltungswirtschaft eine administrative Bewertung und Zuordnung, d. h., der Staat übernimmt die Bewertung und Zuordnung. Hohe Lagerbestände oder Mangelerscheinungen in wichtigen Bereichen der Planwirtschaften – sei es auf der Betriebsebene oder sei es auf der Handelsebene – sprechen nicht gerade für eine reibungslose Verteilung der Ressourcen. Einmal entstandene gesamtwirtschaftliche Verwerfungen „erfordern“ immer neue staatliche Eingriffe. Die Folge ist: In Zentralverwaltungswirtschaften konnten nicht einmal die Grundbedürfnisse der Bevölkerung hinreichend befriedigt werden. Hierin wird sich auch in naher Zukunft kaum etwas ändern.

Daß in marktwirtschaftlichen Systemen die gesamtwirtschaftliche Anpassung schneller und reibungsloser geschieht, erleben wir immer wieder. Betrachten wir einen Bereich, in dem sich bei uns der Staat fast völlig heraushält: den Automobilmarkt. (Es gibt allerdings auch bei uns Sektoren wie die Stahlindustrie, die durch staatliche Reglementierung bei der notwendigen Anpassung behindert werden.) Die veränderte Struktur der Automobilnachfrage, die deutlich verstärkte Nachfrage nach benzinsparenden Modellen in der Bundesrepublik und anderen marktwirtschaftlich orientierten Ländern beweist die Überlegenheit marktwirtschaftlicher Anpassung. Wenn der staatliche Planungsapparat in sämtlichen Ostblockländern bisher nicht einmal in der Lage gewesen ist, eine angemessene Zahl an Autos anzubieten, dürften sich ihm erst recht bei der Steuerung der Struktur des Automobilangebots kaum zu überwindende Schwierigkeiten in den Weg stellen. Sollte es ihm dennoch irgendwann einmal gelingen, kann es durchaus sein, daß es in den Marktwirtschaften schon einen völlig anderen Autotyp gibt.

Unsere großen Automobilfirmen versuchen schon heute, die richtigen Weichen für die zweite Hälfte der 80er

Jahre zu stellen. Es scheint einfach ausgeschlossen zu sein, daß selbst in fernerer Zukunft ein großer staatlicher Planungsapparat so schnell und umfassend auf die veränderten Vorstellungen der Autokäufer reagieren kann, wie dies durch die Automobilhersteller bei uns geschieht. Schnelle und umfassende Anpassung bedeutet aber auch hohe Konsumentensouveränität, da der Verbraucher das Auto kaufen kann, das er will. Daneben zeigt der rasche Wandel auf dem Automobilmarkt auch, daß bei uns Produzenten mit ihrer Werbung Käuferwünsche nicht beliebig manipulieren können – wie manchmal behauptet wird –, sondern in der Regel entscheidet der Konsument selbst. Autonom kann er außerdem entscheiden, weil das frei verfügbare Einkommen bei uns hoch genug ist. Und es kann so hoch sein, weil in der Marktwirtschaft der Einsatz der Produktionsfaktoren im hohen Maße wirksam und reibungslos erfolgt. Darum darf unsere marktwirtschaftliche Ordnung auch nicht länger zentralverwaltungswirtschaftlichen Zwängen ausgesetzt werden.

Dem marktwirtschaftlichen System wird immer wieder vorgeworfen, daß es *kurzfristig* zu gesamtwirtschaftlichen *Ungleichgewichten* führt. Sicherlich, es gibt in marktwirtschaftlichen Systemen Konjunkturschwankungen. Aber auch in Zentralverwaltungswirtschaften bedingen Unstimmigkeiten in der Planung – versteckte betriebliche – Arbeitslosigkeit und Unterauslastung der Kapazitäten. Jedenfalls war in den letzten Jahren der Produktionsanstieg in den meisten Planwirtschaften so gering wie seit Jahrzehnten nicht mehr. Dies hatte in zahlreichen Bereichen eine deutliche Unterauslastung zur Folge. Man spricht nur nicht darüber. Wenn derartige Mängel auf allen Ebenen verschwiegen, manipuliert und nicht konkret ausgewiesen werden, wie soll man sie dann überhaupt rasch in den Griff bekommen?

Durch die offene Ausweisung von kurzfristigen Anpassungsschwierigkeiten wird in unserem marktwirtschaftlichen System ein allen sichtbares Alarmsignal gesetzt, und dadurch wird verhindert, daß es zu länger anhaltenden Ungleichgewichten kommt. Das Gegenteil ist bei einem schwerfälligen, rechthaberischen zentralen Staatsapparat fast automatisch die Folge. Stärkung der marktwirtschaftlichen Elemente muß darum für die Zukunft die Forderung lauten.

Fehleinschätzungen und Fehlinformationen bei der *Langfristentwicklung* führen wahrscheinlich zu noch wesentlich größeren Schäden als Schwachstellen im Kurzfristbereich. Langfristig geht es einmal darum, wieviel Wachstum allgemein angestrebt werden sollte und welche Wachstumsvorstellungen es regional und sektoral „anzusteuern" gilt.

Die Erfahrungen auf dem Gebiet der Langfristprojektionen zeigen, daß kein System hier den „Stein des Weisen" besitzt und wohl auch nie besitzen wird. Weder Unternehmen noch Administration erweisen sich als allzu treffsicher in ihren Langfristprognosen. Allerdings: In der marktwirtschaftlichen Ordnung irren sich die vielen Unternehmer so gut wie nie *alle* auf einmal. Außerdem werden Fehler nachweislich durch die Unternehmen schneller korrigiert als durch die staatliche Bürokratie.

Ein treffendes Beispiel für staatliche Fehlsichtigkeit ist die Landwirtschaft. Selbstverständlich auch bei uns, denn warum sollten die staatlichen Entscheidungsträger bei uns klüger und einsichtiger sein. In der EG werden durch staatliche Eingriffe Überschüsse erzeugt, und in den östlichen Staaten des RGW ist eine anhaltende Unterversorgung bei nicht wenigen Nahrungsmitteln entstanden. Es ist zu hoffen, daß in der EG allmählich die richtigen Konsequenzen gezogen werden. Nämlich: weniger staatliche Reglementierungen. Erste Ansätze hierfür sind jedenfalls vorhanden. Aber es wird dauern. Denn auch bei uns braucht es seine Zeit, wenn sich der Staat erst einmal häuslich eingerichtet hat. Darum darf der Staat, wenn sich wirtschaftspolitische Aktionen einmal als notwendig erweisen sollten, auch immer nur zeitlich begrenzte Eingriffe vornehmen.

In den westlichen Marktwirtschaften gibt es zu Recht einen Bereich, in dem der Staat aktiv geworden ist und auch aktiv bleiben sollte – nämlich den *sozialen Bereich*. Es können kritische Situationen entstehen, die für den einzelnen Bürger unkalkulierbar oder unkorrigierbar sind. Der Staat hat deshalb im Rahmen der marktwirtschaftlichen Ordnung für die soziale Komponente *angemessen* Sorge zu tragen. Das heißt aber auch: Der Staat darf nicht unter dem „sozialen Deckmantel" seine Eingriffe ausufern lassen, wie es bei uns verschiedentlich geschehen ist. So wurde beispielsweise im sozialen Wohnungsbau durch eine solche Verhaltensweise die jetzige Fehlbelegung bewirkt. Die fortlaufenden Korrekturen in der Rentenversicherung drohen den Generationenvertrag zu sprengen. Der Anstieg der Lohnnebenkosten gefährdet aktuell unsere internationale Wettbewerbsfähigkeit.

Schließlich gibt es noch einen Ansatzpunkt, an dem sich die Geister der Marktwirtschaft und der Zentralverwaltungswirtschaft scheiden. Hierbei handelt es sich zwar nicht um eine wirtschaftliche Grundfunktion im engeren Sinne, aber dennoch kommt es gerade in diesem Bereich immer wieder zu systembedrohenden wirtschaftlichen und gesellschaftlichen Kraftproben. Es ist der Bereich Information und Motivation.

Keine arbeitsteilige Wirtschaft kann ohne ein *effizientes Informationssystem* und ohne eine *ausreichende Motivierung* der wirtschaftenden Menschen – sowohl der Unternehmer als auch der Arbeitnehmer – auskommen. Die Leiter der Betriebe und die Arbeitnehmer müssen informiert und motiviert sein, um auf Dauer Leistungen zu erbringen. Ein staatlicher Bürokratieapparat ist hierzu nicht in der

Lage; dies zeigt sich auch bei uns. Staatliche Eingriffe demotivieren sogar verschiedentlich. So lähmen sie Eigenhilfe, Eigeninitiative und Eigenverantwortung der Bürger.

Dagegen ermöglicht das dezentrale Informationssystem einer Marktwirtschaft ein breites Spektrum an Informationen. Wir brauchen uns doch nur daran zu erinnern, welche Möglichkeiten die Gewerkschaften in der Bundesrepublik grundsätzlich haben, den Arbeitnehmer umfassend zu informieren und sich für seine Rechte einzusetzen. Glücklicherweise nehmen sie diese Möglichkeiten auch wahr. Dies alles muß auch in der Zukunft der Fall bleiben. Und wo Fehlentwicklungen sich breitgemacht haben, muß die Korrektur erfolgen. Eine staatliche Bürokratie kann in der Regel gar nicht so umfassend informieren – selbst wenn alle guten Willens sind –, dafür ist sie einfach zu undurchlässig.

In diesem Zusammenhang gilt auch heute noch, was H. Röper Anfang der 70er Jahre bemerkte: „Vor allem aber haben die Unternehmensleiter in der freien Wirtschaft, gleichgültig ob Eigentümer oder Manager, weitaus weniger Macht und Einfluß auf ihre Belegschaften als der Fabrikdirektor in der sozialistischen Wirtschaft, denn dieser ist nicht nur Chef, sondern in seinem Bereich auch der Vertreter der Staatsmacht. Wenn sich bei uns ein Arbeitnehmer ungerecht behandelt fühlt, dann kann er sich an den Betriebsrat, die Gewerkschaft, die Arbeitsgerichte, die Publizitätsorgane wenden. Alle diese Institutionen gibt es auch in den kommunistischen Ländern, aber sie alle sind Instrumente der allmächtigen Partei- und Staatsgewalt. Auch Streiks sind streng verboten. Legen dennoch die Arbeiter aus durchaus berechtigten Gründen die Arbeit nieder und gehen auf die Straße, dann fahren wie zum Beispiel beim Streik der Ostberliner Bauarbeiter 1953 oder der polnischen Werftarbeiter in Danzig 1970 Panzer auf, dann wird scharf geschossen.“ Das alles gilt ohne Abstriche auch heute noch. Wahrscheinlich sind derartige Reaktionen in Zentralverwaltungswirtschaften systemimmanent.

Als Fazit müssen wir feststellen: Im Prinzip sollten aufgrund ökonomischer Überlegungen die Politiker in Zukunft nur dann eingreifen, wenn es darum geht, Wettbewerbsverzerrungen zu entschärfen und die Verteilungsproblematik zu verringern. Fehlentwicklungen der Vergangenheit sind zudem zu korrigieren. Der Staat sollte grundsätzlich nicht mit all seiner geballten Macht und Kraft vorgehen, sondern vielmehr schrittweise eingreifen. Dann würde es auch leichter gelingen, staatliche „Fehlentscheidungen“ wieder rückgängig zu machen. Außerdem sollte der Staat auf der Grundlage der Hilfe zur Selbsthilfe seine Maßnahmen vornehmen. Nur so bleiben auf Dauer die Dynamik der Wachstumskräfte in einer Volkswirtschaft und die Gestaltungsfähigkeit einer Gesellschaft erhalten. Es lohnt sich, die soziale Marktwirtschaft von zentralverwaltungswirtschaftlichen Elementen zu befreien.

2. Mehr Eigeninitiative, mehr Eigenverantwortung

Die vielen Vorteile, die uns unsere Gesellschafts- und Wirtschaftsordnung grundsätzlich gewährt, werden von zahlreichen Politikern heute zuwenig berücksichtigt. Sie versprechen vordergründig materielle Freiheit und vergessen geistige Freiheit und menschliche Würde. Das führt zu einer negativen Willensfreiheit, zu einem Nicht-Willen bei der Bewältigung von persönlichen und gesellschaftlichen Problemen.

Helmut Schmidt hat ein Wort von John F. Kennedy trefflich abgewandelt: „Fragen Sie nicht als erstes, welche Ansprüche Sie an den Staat geltend machen könnten und was der Staat für Sie leisten soll, fragen Sie zunächst, welche Ansprüche Sie an sich selber stellen sollten und was Sie selber leisten können.“ Dieses Wort sagt ganz genau das aus, was mit dem Titel „mehr Eigeninitiative, mehr Eigenverantwortung“ gemeint ist.

Mehr Eigeninitiative, mehr Eigenverantwortung heißt: Dem einzelnen wird gegen die Wechselfälle des Lebens nur eine *staatliche Grundgarantie* gewährt. Dies gilt für das Gesundheitswesen ebenso wie für die Altersversorgung und andere wichtige Bereiche der Sozialpolitik. Diese Grundgarantie, die sich an bescheidenen Maßstäben zu orientieren hat, bietet u. a. den Vorteil, daß den erkennbaren Tendenzen einer Überversorgung umfassend entgegengesteuert werden könnte.

Eine solche Lösung erhöht außerdem die sozialpolitische Effizienz. Denn jede Mark, die der Staat in die Überversorgung des Gesundheitswesens oder der Altersversorgung im öffentlichen Dienst steckt, fehlt an anderer Stelle. Sie fehlt nicht nur beim Staat, sondern auch bei den Unternehmen und privaten Haushalten. Über das Maß an grundsätzlicher Sicherung durch den Staat hinaus könnten dann durch eigene Initiativen und eigene Entscheidungen – je nach den *persönlichen* Bedürfnissen – zusätzliche individuelle Sicherungen geschaffen werden.

Der Spielraum für *individuelle Zusatzgarantien* ist in der Vergangenheit durch das soziale Imponiergehabe zahlreicher Politiker zu stark eingeengt worden. Schließlich muß das humane und *soziale Miteinander* wieder einen angemessenen Stellenwert erhalten. Die bisherige Sozialpolitik als System einer verbürokratisierten Solidarität hat auch zuwenig Wert auf den Bereich der Selbsthilfe gelegt. Die Politiker meinten, es genüge, vom Staat angefertigte „soziale Krücken“ zu verordnen. Dadurch wurde die Sozialethik auf den Kopf gestellt. Jeder, der gerade nicht mehr zu den Anspruchsberechtigten zählt, klagt, damit er noch berücksichtigt wird. Weil die mangelnde Integration von individuellen Zusatzsicherungen und Selbsthilfe an die Grundwerte der Sozialethik rührte, ist sie auch immer mehr zum Effizienzproblem staatlicher Sozialpolitik geworden. Nur durch eine grundsätzliche Erneuerung ist unser bisheriges sozialpolitisches System auf Dauer noch finanzierbar.

Der Abbau und Umbau sogenannter staatlicher „Garantien“ ist nicht nur auf dem Gebiet der Sozialpolitik notwendig, um gravierende Mängel auszumerzen. *Die Bedingungen für mehr Eigeninitiative und Eigenverantwortung müssen zweifellos auch im unternehmerischen Bereich verbessert werden.*

Nach einer Umfrage dachten Anfang der 80er Jahre nur noch 7 Prozent der Bürger in der Bundesrepublik daran, sich selbständig zu machen. Knapp 20 Jahre zuvor waren es noch 17 Prozent. Der Status der Selbständigkeit ist in den vergangenen Jahrzehnten immer unattraktiver geworden. Die Entwicklung unserer Beschäftigungsstruktur belegt anschaulich die veränderten Verhaltensweisen. Während von 1960 bis 1980 die Zahl der Selbständigen um über 40 Prozent zurückging, stieg die Zahl der öffentlich Bediensteten um fast 50 Prozent an.

Es bedarf nicht allzu großer Phantasie, um sich vorstellen zu können, was geschieht, wenn die Wirtschaft vom Staat und wenigen Großunternehmen beherrscht wird. Die Wesensmerkmale der Demokratie – „Machtteilung“ und „Wettbewerb“ – müssen auch für die Wirtschaft gelten. Insofern muß das Phänomen der sinkenden Bereitschaft und des fehlenden Mutes zur Selbständigkeit Veranlassung sein, die gesellschaftlichen Grundpositionen zu überdenken.

Die Selbständigen – besonders die mittelständischen Unternehmen – befinden sich immer nahe am Markt. Sie stellen sich rasch auf gewandelte Strukturen ein. Die besondere wirtschaftliche Stabilität und Dynamik jener Regionen in der Bundesrepublik, die einen hohen Anteil mittelständischer Unternehmen besitzen, ist offensichtlich. Der Bedeutung der Selbständigen für unsere gesellschaftliche und wirtschaftliche Entwicklung muß darum von den politisch Verantwortlichen wieder gebührend Rechnung getragen werden. Das heißt: Nur noch restriktive Vergabe von Subventionen nach einem Subventionskodex, der ständig kontrolliert wird. Kleinere und mittlere Unternehmen müssen aus dem „Subventionsschatten" der Großunternehmen herausgeholt werden. Es darf großen Arbeitgebern nicht länger Geld „hinterhergeworfen" werden, weil sie zu den Regierenden sagen: „Wenn Sie uns die gewünschte staatliche Subvention nicht gewähren, müssen wir die Produktion drosseln oder sogar ganz einstellen; die politischen Folgen haben Sie selbst zu tragen."

Den kleineren und mittleren Unternehmen ist weit mehr geholfen, wenn günstige wirtschaftliche und wirtschaftspolitische sowie gesellschaftliche und gesellschaftspolitische Rahmenbedingungen herrschen. Unser Steuersystem darf nicht länger eigene Leistung und Initiative benachteiligen. Gerade in den vergangenen Jahren ist es für die Selbständigen oft lukrativer gewesen, ihr Geld in Kapitalanlagen zu stecken, als sich anzustrengen, Verantwortung zu übernehmen, ein beträchtliches Risiko zu übernehmen, um endlich festzustellen, daß es sich finanziell doch nicht gelohnt hat, weil die Abgabenbelastung so hoch ist.

Der Staat muß günstige steuerliche Rahmenbedingungen schaffen, wenn Eigenleistung und Eigenverantwortung nicht noch mehr ausgehöhlt werden sollen. Das gilt sowohl für die Wirtschaft als auch für die Arbeitnehmer. Wenn in der Vergangenheit jemand, der ein halbes Jahr arbeitete und ein halbes Jahr Arbeitslosengeld bekam, ein höheres Nettoeinkommen hatte als jemand, der das ganze Jahr arbeitete, dann wirkt das leistungs- und verantwortungsfeindlich. In den 80er Jahren muß Leistung gegenüber Nicht-Leistung vom Staat wieder begünstigt werden. Glücklicherweise gibt es in letzter Zeit erste Ansätze für eine Besserung. Wir brauchen aber mehr. Wir brauchen eine grundsätzliche Höherbewertung von Leistung und Verantwortung der Bürger, darum muß noch vieles getan werden.

Leistung und Verantwortung der „kleinen“ Leute in unserem Lande darf der Staat nicht weiter durch „Arbeitsverpflichtung“ behindern. Die Politiker dürfen die Unternehmen nicht länger zu Erfüllungsgehilfen staatlicher Aufgaben machen. Beispielsweise müssen die kostenlosen umfangreichen statistischen Arbeiten für öffentliche Institutionen konsequent reduziert werden. Wo kein Abbau möglich ist, sollten die aufwendigen Arbeiten für öffentliche Stellen zumindest angemessen vergütet werden. Das würde insbesondere dem Mittelstand weiterhelfen.

Aber wirtschaftliche und wirtschaftspolitische Rahmenbedingungen sind nur eine Seite der Medaille. Die andere Seite sind die gesellschaftlichen und gesellschaftspolitischen Bezüge. Das Bild des Unternehmers in der Öffentlichkeit darf nicht länger einseitig negativ gezeichnet werden. Unserer Jugend dürfen nicht in erster Linie Zerrbilder von Unternehmern vorgehalten werden. Gewinne sind nicht einseitig als Profite zu diskriminieren. Erst wenn sich dies ändert, wird die Selbständigkeit als berufliche Möglichkeit wieder mehr an Attraktivität gewinnen. Eigenverantwortung und Eigeninitiative würden neuen Auftrieb bekommen.

Die Selbständigen tragen aber auch selbst Verantwortung, das Bild vom Unternehmer in das rechte Licht zu rücken. Die wichtigste Spielregel in unserer Wirtschaftsordnung ist der freie Wettbewerb. Unternehmer, die immer wieder „zum Subventionstopf schielen“, sorgen selbst für ihren schlechten Ruf. Unternehmen, die durch Preisabsprachen oder durch rigorose Ausschaltung von Konkurrenten den freien Wettbewerb außer Kraft setzen wollen, schaden sich letztlich selbst am meisten. Unternehmen, die meinen, mit Umweltbelastungen und Verstößen gegen die Umweltgesetzgebung muß man sich nun einmal abfinden, irren sich gewaltig. Zu Recht weisen die Unternehmen auf den „blauen Montag" und auf den Freitag als vorgezogenes Wochenende hin, zu Recht weisen sie auch auf die hohen Ausschußquoten an diesen Tagen hin. Aber Wehklagen hilft nicht weiter. Die Unternehmen selbst müssen Abhilfe schaffen, sie selbst müssen ihre Mitarbeiter zu besseren Leistungen motivieren.

Hier zeigen uns vielleicht die Japaner, wie man es macht. Beispielsweise kann jeder Arbeiter, der bei Toyota an einer Fertigungsstraße steht, durch einen Zug an einem Seil das Montageband zum Stehen bringen, um eine bestimmte Arbeit, ohne unter extremem Zeitdruck zu stehen, verrichten, einen entdeckten Fehler beheben oder eine Störungsursache in Ruhe beseitigen zu können. In Japan wird auch das betriebliche Vorschlagswesen mehr gepflegt als bei uns. Für Arbeitgeber und Arbeitnehmer bringt dies erhebliche Vorteile mit sich. Mehr Freiheit und verbesserte Chancen zur Entfaltung der eigenen Persönlichkeit sind nicht nur Forderungen, die wir zu Recht an die Politiker richten, sondern es sind vor allem Werte, die im täglichen Einerlei durchgesetzt und erlebt werden müssen. Und der berufliche Alltag ist entscheidend für die Bewertung der Grundpositionen unserer Gesellschaft.

Eine Gesellschafts- und Wirtschaftsordnung ist kein Selbstzweck. Das gilt auch für unsere Form der „Marktwirtschaft". Die soziale Marktwirtschaft, wie wir sie kennen, ist für die Gesellschaft als Ganzes die bestmögliche Ordnung. Freilich ist sie kein Patentrezept und keine Garantie für den Erfolg in jedem Einzelfall. Aber alle Erfahrung spricht dafür, daß in einer solchen sozialen Marktwirtschaft wirtschaftliche und soziale Probleme besser gelöst werden können als in jeder anderen Ordnung.

Das heißt indes nicht, daß alles auch immer gut gelöst

worden ist. Soziale Marktwirtschaft ist eine Gestaltungsform, die Tag für Tag mit Leben erfüllt werden muß. Dabei geht es nicht in erster Linie darum, das vordergründige Materielle hochzujubeln. Es geht um weit mehr. Es gilt, Werte wie Freiheit und soziale Verantwortung konkret und konstruktiv miteinander zu verbinden und erlebbar zu machen. Das Verhältnis von Freiheit und sozialer Verantwortung ist nicht spannungsfrei, es ist sogar labil. *Es gilt, diese Labilität soweit wie möglich abzubauen.*

Ein großer Schritt in die richtige Richtung wäre: Die staatlichen Hilfestellungen für die Wirtschaft, für die Arbeitnehmer und für die Menschen, die außerhalb des Erwerbslebens stehen, in Einklang mit Werten wie Freiheit und sozialer Verantwortung zu bringen. Der Bürger hat ein Recht, bei staatlichen Mißgriffen mehr als ein Schulterzukken der Obrigkeit zu erreichen. Eine gezielte Einschränkung staatlicher Tätigkeiten nicht zuletzt in Richtung Entbürokratisierung und Privatisierung könnte weiterhelfen.

Hier gilt es, den Hebel anzusetzen.

3. Entbürokratisierung

Die hochgradig arbeitsteiligen Volkswirtschaften unserer Tage kommen ohne eine effiziente Organisationsform nicht aus. Dabei kann nach Professor Wolfram Engels zwischen zwei Extremen gewählt werden: Zwischen der extrem dezentralisierten Organisation „Markt“ und der extrem zentralisierten Organisation „Bürokratie“. Ob Markt oder Bürokratie, beide müssen dafür sorgen, daß das wirtschaftliche Geschehen koordiniert abläuft.

Das Mittel der Koordination in der Bürokratie ist der „Befehl“, die Anordnung; sie verläuft von oben nach unten. Pflichterfüllung und Gehorsam sind die existentielle Voraussetzung in diesem hierarchischen Macht- und Herrschaftssystem. Kontrolle und Zwang dienen zur Aufrechterhaltung dieser Ordnung. Das Mittel der Koordination am Markt ist der Preis. Leistung und Initiative sind die Wesensmerkmale in diesem nichthierarchischen Handelssystem. Wettbewerb und Motivation sind für die Funktionsfähigkeit dieser Ordnung notwendig. Alle real existierenden Organisationen enthalten Markt- und Bürokratieelemente. Ein drittes Prinzip gibt es nicht. Das heißt: *Wer die Marktelemente abbauen will, muß die Bürokratieelemente ausbauen. Und wer die Bürokratieelemente verringern will, muß die Marktelemente stärken.*

Beide Organisationsformen haben ihre Stärken und Schwächen. Die Bürokratie besitzt dort ihre Vorzüge, wo es auf Gleichmäßigkeit und Vorhersehbarkeit ankommt, der Markt dort, wo Anpassungsfähigkeit und Dynamik entscheidend sind. Sowohl die Wirtschaft als auch der Staat können sich beider Organisationsformen bedienen. Die Ansicht, der Markt sei eine Organisationsform für private Zwecke und die Bürokratie sei gleichzusetzen mit öffentlichen Interessen, ist vordergründig und falsch. Beispielsweise bedürfen auch Unternehmen der Organisationsform Bürokratie. Denn ganz ohne hierarchische Organisationselemente kommen auch sie nicht aus. Allerdings sind die privaten Unternehmen, da sie miteinander konkurrieren, darauf angewiesen, daß sie ihre Organisation immer wieder auf ihre Zweckmäßigkeit hin überprüfen und daß sie die Organisationseffizienz erhöhen, wenn es sich als notwendig erweisen sollte. Der Irrtum, staatliche Organisation mit Bürokratie gleichzusetzen, ist weit verbreitet, weil der Staat sich der Bürokratie fast ausnahmslos und kritiklos bedient. So werden im allgemeinen Sprachgebrauch verständlicherweise staatliche Bürokratie und staatliche Organisation (Verwaltung) gleichgesetzt.

Die Bürger finanzieren mit ihren Steuern die staatliche Bürokratie, verstehen zum größten Teil aber nicht einmal deren Sprache. 80 Prozent der Bevölkerung haben mit Behördentexten ihre liebe Müh und Not. So fühlen sie sich gegenüber der öffentlichen Verwaltung häufig ohnmächtig. Das Vertrauen der Bürger in das demokratische System gerät ins Wanken. Die zunehmende Staatsverdrossenheit in unserem Lande ist sicherlich zu einem Teil auf mangelnde Glaubwürdigkeit im politischen Raum zurückzuführen, aber zum Teil auch auf Verhaltensweisen und Handeln der öffentlichen Institutionen selbst. Aus vielen Gründen kommen wir also um eine Reorganisation staatlicher Einrichtungen nicht herum. Dafür bieten sich verschiedene Möglichkeiten an, die sich gegenseitig ergänzen.

Zu große Bürokratieeinheiten müssen aufgelöst werden. Aufgaben und Entscheidungen sind zu dezentralisieren, um die Unbeweglichkeit und die „Informationsverschmutzung" abzubauen. (Weitere Gebiets- und Gemeindereformen, die die innere Zentralisierung des Staates begünstigen, sind abzulehnen.) Daneben sind die Führungstechniken und Arbeitsweisen der staatlichen Organe den neueren Erkenntnissen anzupassen: mehr Kompetenz für den einzelnen Mitarbeiter, konsequente Änderungen im hierarchischen Aufbau, bessere Anreize für die Vielzahl der öffentlich Bediensteten, Überprüfung der Beförderungskriterien. Denn bisher gilt beispielsweise: Je höher die zu verwaltenden Ausgaben, desto eher wird der Mitarbeiter befördert. Die kameralistische Buchführung des Staates ist ein Relikt aus grauer Vorzeit. Eine Erfolgskontrolle staatlicher Leistungen ist hierdurch überhaupt nicht möglich. Dies steht auch im krassen Widerspruch zu demokratischen Prinzipien.

Der Staat ist verpflichtet, seine Leistungen so effizient, so kostengünstig wie möglich anzubieten. Daß dies nicht der Fall ist, beweisen Jahr für Jahr die umfangreichen „Sündenregister" der Rechnungshöfe. Die staatlichen Organe müssen zu einer erfolgsbezogenen Kontrolle ihrer Aufwendungen kommen. Kostenrechnungsmethoden aus der privaten Wirtschaft müssen – soweit wie möglich – übernommen werden. Die Bewertung der staatlichen Leistungen muß über den Output, über das entstandene Gut geschehen und darf nicht länger über den Input, über die Kosten vorgenommen werden. Bisher gilt vielfach: Wer einmal Einsparungen erwirtschaftet, dem werden die Mittel für immer gekürzt.

Wenn die Politiker verkünden, sie haben die Zahl der Polizisten, der Lehrer, der Krankenhausbetten erhöht, so sind das Kosten und keine Leistungen. Statt die Zahl der Lehrer oder der Polizisten sollte der Staat die Zahl der Kinder, die in der Hauptschule Rechtschreiben gelernt haben, oder die Zahl der aufgeklärten Verbrechen als Maßstab für den Erfolg seiner Tätigkeit heranziehen.

In der Gesetzgebung gibt es erste Ansätze, die erkennen lassen, daß die Politiker aus den Fehlern der Vergangenheit allmählich ihre Lehren ziehen. 1980 wurde vom Bundestag das „1. Statistikbereinigungsgesetz" beschlossen. Allerdings konnte es die Flut amtlicher Fragebögen nur wenig eindämmen, weitere Schritte sind notwendig. Beispielsweise sollte der Vorschlag Niedersachsens, die statistische Berichterstattung nicht nur wie bisher für Betriebe bis zu 20 Beschäftigten, sondern auch für Betriebe bis zu 50 Beschäftigten zu vereinfachen, vom Bundesrat übernommen und unterstützt werden. Von Schleswig-Holstein wurde im Bundesrat kürzlich ein Entwurf für ein 2. Statistikbereinigungsgesetz vorgelegt.

In den letzten Jahren kamen aus den Bundesländern Erfolgsmeldungen zur Entbürokratisierung. So wurden 1979 in Niedersachsen knapp 2 370 Verwaltungsvorschriften und über 60 Verordnungen gestrichen sowie 630 Erlasse und Verordnungen vereinfacht. Daß derartige „Entrümpelungsaktionen" notwendig sind, zeigt sich immer wieder. Neben den Streichungen darf der Wert der Vereinfachungen nicht unterschätzt werden.

Der durchgreifenden Vereinfachung bedarf auch die Wirtschafts- und Sozialpolitik. Wir dürfen nicht länger zulassen:

— daß einerseits mit viel Verwaltungsaufwand auch von den Einkommensschwachen noch Steuern erhoben werden und diese dann andererseits – wiederum mit großem Verwaltungsaufwand – staatliche Sozialleistungen bekommen,
— daß Bedürftige von vielen Stellen Hilfen erhalten und deshalb von Behörde zu Behörde laufen müssen
— und daß es durch das unkoordinierte Nebeneinander von Kindergeld, BAFöG, Wohnungsgeld, Heizkostenzuschüssen, Steuerfreibeträgen, Steuerbefreiungen, Sparprämien oder Sozialhilfe zu sozialen Ungerechtigkeiten kommt.

Das heißt: Es muß „entbürokratisiert“ werden, ohne daß es aber zu einer sozialen Demontage kommt. Dies wird um so eher gelingen, je mehr den Bürgern klar ist, daß der Staat erst einmal kassieren muß, bevor er etwas „schenken“ kann. Dann ist dem verbürokratisierten Sozialstaat gar nicht so schwer beizukommen. Entbürokratisierung darf sich allerdings nicht nur auf die Sozialpolitik beschränken. Es läßt sich in vielen Bereichen etwas tun. So ist überhaupt nicht einzusehen, daß für den Bürger bei Änderungen auf der Lohnsteuerkarte undurchsichtige Zuständigkeiten herrschen: das eine Mal ist das Finanzamt zuständig, das andere Mal die Gemeinde. Kompetenzwirrwarr und unkoordiniertes Handeln kommen den Bürger teuer zu stehen. An einem Beispiel soll erläutert werden, welche sinnvollen Möglichkeiten es im Falle der Entbürokratisierung gibt.

In der Wirtschaftstheorie gibt es schon seit längerem einen Vorschlag, der u. a. die Sozialpolitik widerspruchsfrei und übersichtlich gestalten würde. Hierbei handelt es sich um die sogenannte *negative Einkommensteuer* (Lohnsteuer). Mit Hilfe der negativen Einkommensteuer wird ein wohlgeordnetes, einheitliches Verrechnungsinstrument zwischen Bürgern und Staat geschaffen. Einkommensteuer und Sozialleistungen ständen nicht mehr so stark nebeneinander, sondern würden eng miteinander verzahnt werden. Dabei ist es sogar möglich, daß Einkommenschwache nicht nur keine Einkommensteuer entrichten, sondern es kann sogar der Fall eintreten, daß sie eine Steuergutschrift ausgezahlt bekommen – darum der Name „negative" Einkommensteuer.

Gegenwärtig kann folgendes passieren: Jemand steht nach Erhöhung seiner Bruttobezüge netto schlechter da als zuvor, weil beim Überschreiten der verschiedenen Einkommensgrenzen keine Sparprämien, kein Wohnungsgeld oder keine Ausbildungsförderung mehr gezahlt werden. Im Rahmen einer negativen Einkommensteuer würde, weil bis auf wenige Ausnahmen die Sozialleistungen entfallen könnten, die Problematik der Einkommensgrenzen weitgehend gelöst werden. Der Bürger könnte außerdem fast in einer Art „Gesamtschau" den Großteil seiner finanziellen Beziehungen zum Staat überblicken. Daneben würde die „Sozialscham" entfallen. Und schließlich wäre eine erhebliche Verwaltungskostenersparnis die Folge. Dennoch würde das Sozialstaatsprinzip angemessen berücksichtigt werden. Fazit: Einfachheit, Transparenz, soziale Gerechtigkeit und Systemeffizienz sind entscheidende Vorteile einer negativen Einkommensteuer.

Die Bedeutung, die der Vereinfachung und Entbürokratisierung im Bereich der Sozialleistungen zukommt, gilt entsprechend auch für die Subventionen. Eine deutliche Reduzierung staatlicher Förderprogramme bei gleichzeitiger strenger Vergabekontrolle (Subventionskodex) würde vielfach zu einer schnelleren, gezielteren und damit zu einer effizienteren Hilfestellung für Unternehmen und Arbeitnehmer führen.

Schließlich muß der Staat im Rahmen von Entbürokratisierungsmaßnahmen in Aufgabenbereichen, in denen ein hohes Maß an Anpassungsfähigkeit und Dynamik erforderlich ist, den Markt-Elementen gegenüber den Bürokratie-Elementen eindeutig den Vorzug geben. Dies gilt insbesondere auf den Gebieten, wo der Staat im Rahmen von Großbürokratien zum produzierenden Staat geworden ist. Da es mit großer Wahrscheinlichkeit nicht gelingen wird, auf internem Weg die staatlichen Institutionen ausreichend zu entbürokratisieren, muß die Durchlässigkeit zwischen staatlicher Tätigkeit und der privaten Wirtschaft erhöht werden.

Die Konkurrenz privater Unternehmen könnte auf die Amtsbetriebe leistungssteigernd wirken. Es gibt Beispiele, wo an Ineffizienz leidende staatliche Unternehmen durch die private Konkurrenz „geheilt" wurden. So hat die Deutsche Bundespost aufgrund des Wettbewerbs mit privaten Zustelldiensten ihren Paketdienst merklich verbessert. Sollte es auch mit Hilfe privater Konkurrenz nicht gelingen, die Effizienz staatlicher Betriebe angemessen zu erhöhen, stellt sich die Frage, ob nicht staatliche Aufgaben privatisiert werden müßten. Es wird teilweise allerdings auch weitergehend argumentiert: Ein Nebeneinander von öffentlichen und privaten Unternehmen erscheint aufgrund immaterieller Werte – wie individuelle Freiheit, Eigeninitiative und Eigenverantwortung – selbst bei gleicher Effizienz nicht erforderlich und zweckmäßig, so daß die Privatisierung bereits in diesem Fall sinnvoll wird, z. B. in der amtlichen Materialprüfung.

4. Privatisierung

Schon der Begriff „Privatisierung" löst Reaktionen aus, die eine sachliche Diskussion vielfach erschweren. Dies ist bedauerlich, denn die dringend erforderliche Entstaatlichung und Entbürokratisierung darf vor einer *angemessenen* Privatisierung nicht haltmachen. Unabhängige Institutionen wie die Rechnungshöfe fordern, Privatisierungsmaßnahmen überall dort einzuleiten, wo man aufgrund umfangreicher betriebswirtschaftlicher Untersuchungen zu dem Ergebnis kommt, daß private Unternehmen billiger und dennoch genauso gut arbeiten. Daß staatliche Leistungen oft teurer erstellt werden und daß dies nichts mit unterschiedlichen Sozialstandards im öffentlichen Dienst und in der Privatwirtschaft zu tun haben muß, kann immer wieder festgestellt werden. Denn wie ist es sonst zu erklären, daß staatliche Aufgaben urplötzlich deutlich billiger durchgeführt werden können, sobald die Möglichkeit einer Privatisierung ernsthaft erwogen wird oder öffentliche Leistungen neu ausgeschrieben werden. (Dies wurde verschiedentlich im Bereich der Müllabfuhr, der Schlachthöfe oder der Pflege von Grünanlagen festgestellt.) Eines klareren Beweises für das mangelnde Kosten- und Leistungsbewußtsein öffentlicher Institutionen bedarf es nicht. Das müssen auch entschiedene Privatisierungsgegner eingestehen.

Gewisse öffentliche Leistungen sollten auch deshalb privatisiert werden, weil es eine „Schicksalsgemeinschaft" zwischen staatlicher Bürokratie und Politikern gibt, die die Fragen der Effizienz staatlicher Leistungen bewußt ausklammert und so unwirtschaftliches Handeln stützt und begünstigt. Das „Beste", was einem Politiker widerfahren kann, ist nämlich, daß er sich den Ruf eines „Machers" erwirbt und diesen dann auch behält. Dies kann aber nur gelingen, wenn es laufend im öffentlichen Bereich etwas zu „machen" gibt. So bekennen sich viele Politiker in Sonntagsreden zwar zur Marktwirtschaft, d. h. zum freien Unternehmertum, wochentags ist dies indes nicht attraktiv und lohnenswert, da gilt es, sich einen Lorbeerkranz aus staatlichen Aktivitäten zu flechten; koste es, was es wolle. Subventionen, (verbilligte) Kredite oder Bürgschaften werden nicht selten allzu leicht versprochen. Politiker sind bereit, einen hohen Preis zu zahlen. Sie setzen die Wettbewerbsfähigkeit der Unternehmen und die Kaufkraft der privaten Haushalte aufs Spiel, damit letztlich aber auch die Glaubwürdigkeit ihrer Politik.

Es gibt aller Erfahrung nach keine stichhaltigen Argumente, den Staat neben hoheitlichen und sozialen Aufgaben weitere wirtschaftliche Tätigkeiten ausüben zu lassen. Zumal Werte wie individuelle Freiheit, Eigeninitiative und Eigenverantwortung jeder ökonomischen Effizienzbetrachtung vorangestellt werden müssen. Karl R. Popper hat einmal bemerkt: „Die größte Gefahr des Interventionismus besteht darin, daß er zu einer Zunahme der Staatsgewalt und der Bürokratie führt. Wenn wir dem Staat aber durch das interventionistische Planen zusätzlich Gewalt verschaffen, dann kann es leicht geschehen, daß wir unsere Freiheit verlieren. Wenn aber unsere Freiheit verloren ist, dann ist alles verloren." Dieses Argument darf allerdings nicht zu einer „Schlupfklausel" für eine unkritische Privatisierungseuphorie werden. *Denn Privatisierungsmaßnahmen sind trotz all ihrer Vorteile kein Allheilmittel. Auch sie haben ihre Grenzen.* Doch zunächst zu den Notwendigkeiten und Chancen der Privatisierung.

Ein Fünftel des gewerblichen Vermögens ist im Besitz der öffentlichen Hände. Darüber hinaus sind sie im Rahmen öffentlicher Verwaltungen und Körperschaften in Wirtschaftsunternehmen aktiv. Hier tanzt der Staat auf vielen Hochzeiten. Er

— schlachtet Vieh,
— bedruckt Papier,
— sammelt Müll ein,
— unterhält Kraftfahrzeugwerkstätten,
— reinigt Gebäude,
— wäscht Wäsche,
— betreibt Kantinen,

— pflegt Parkanlagen,
— baggert Häfen aus oder
— beteiligt sich an Kapitalgesellschaften.

Dabei gewährt er sich beträchtliche Sonderrechte. Beispielsweise gilt das Gesetz gegen Wettbewerbsbeschränkungen in erster Linie für Privatunternehmen.

Es gilt, überall den Hebel anzusetzen. Der Staat kann z. B. sein Vermögen auf Private übertragen, u. a. durch den Verkauf von Domänen, Forsten, Wohngrundstücken und Beteiligungen. Erste positive Ansätze sind zu erkennen. 1979 besaß das Land Niedersachsen an rund 60 Unternehmen des öffentlichen und privaten Rechts Beteiligungen - darunter waren Kreditinstitute, Energieunternehmen, industrielle, verkehrswirtschaftliche, wohnungswirtschaftliche, landwirtschaftliche Unternehmen. Anfang 1982 waren 15 dieser Beteiligungen abgegeben bzw. zum nächstmöglichen Zeitpunkt gekündigt. Ähnliches gilt auch für andere Bundesländer. Es gibt also schon heute mehr als nur politische Lippenbekenntnisse zur Marktwirtschaft.

Positive Ansätze gibt es auch bei der Übertragung staatlicher Aufgaben an Private. Man unterscheidet verschiedene Stufen der Privatisierung. Die schwächste Form ist die „formale" Privatisierung. Der Staat bleibt weiterhin Aufgabenträger und finanziert die Aufgaben auch weiterhin selbst, organisatorisch und haushaltsmäßig werden die neuen Einrichtungen aber vom übrigen Verwaltungssystem abgetrennt. Auf diese Weise entstehen kleinere überschaubare Einheiten, die flexibler und dynamischer auf die wirtschaftlichen Veränderungen reagieren können. An sich ist bei der formalen Privatisierung der Staat nach wie vor der Handelnde, er agiert lediglich verstärkt nach marktwirtschaftlichen Kriterien. Die „materielle" Privatisierung geht weiter als die formale. Hier gehen die Aufgaben, die bisher durch den Staat wahrgenommen wurden, auf Private über. Bei der Leistungserstellung scheidet der Staat also aus. Er kann sich allerdings bei der Finanzierung noch eine Hintertür offenlassen.

Hinsichtlich der Finanzierung ist zu unterscheiden zwischen öffentlicher, privater und gemischter (teils privat und teils öffentlich). Der Spielraum für marktwirtschaftliche Verhaltensweisen ist am größten, wenn sich Aufgaben und Finanzierung in privater Hand befinden. Bei jeder Privatisierung ist allerdings darauf zu achten, daß der marktwirtschaftliche Wettbewerb nicht zu kurz kommt. *Marktwirtschaft ohne Wettbewerb ist genauso schädlich wie Bürokratie ohne Kontrolle.* Das heißt: Durch Privatisierungsmaßnahmen darf kein privates Monopol entstehen. Außerdem muß das Entgelt, das der Bürger nach der Privatisierung zahlen muß, angemessen bleiben. Schließlich darf kein Arbeitnehmer des öffentlichen Dienstes wegen einer Privatisierungsmaßnahme seinen Arbeitsplatz verlieren. Dies sind die Kriterien, die bei *jeder* Privatisierungsaktion zu beachten sind.

Aus dem Spektrum bereits heute erfolgreich durchgeführter oder anlaufender Privatisierungsanstrengungen in der Bundesrepublik sollen fünf Beispiele aus Niedersachsen kurz dargestellt werden:

— In Hannover wird seit 1979 der zuvor von der Stadt geführte Schlachthof von einer privaten Gesellschaft betrieben. Dadurch ist die Stadt Hannover von hohen laufenden Zuschüssen befreit worden. Zusätzlich hat sich die Gesamtkostenbelastung der Benutzer des Schlachthofes gemindert.
— In Leer wurde der Güterumschlag im Hafen erfolgreich privatisiert. Zuvor ergab sich durch den Hafenumschlag für die Stadt ein Defizit von rund 100 000 DM pro Jahr, das eine steigende Tendenz aufwies. Seitdem der Umschlag 1980 an private Firmen übertragen wurde, ist die Stadt von diesem Defizit befreit, ohne daß sich die Privatisierung nachteilig für die Hafenbenutzer ausgewirkt

hat. Die Preise für Kranleistungen sind lediglich im Rahmen der allgemeinen Preis- und Kostenentwicklung gestiegen.

— Anfang 1979 wurde die Abfallbeseitigung im Landkreis Grafschaft Bentheim, die bis dahin von der Stadt Nordhorn und ansonsten von einer kreiseigenen Gesellschaft betrieben wurde, einem privaten Unternehmen übertragen. Nach nur einem Jahr privater Abfallbeseitigung wurde – bei weiterhin einwandfreier Entsorgungsleistung und ohne Gebührenerhöhung – im Gebührenhaushalt des Kreises ein Überschuß von rund 750 000 DM ausgewiesen. Dieser Überschuß reichte aus, die in den vorangegangenen Jahren aufgelaufenen Defizite des früheren kommunalen Betriebes in Höhe von 650 000 DM voll zu decken.

— Die Naßbaggerarbeiten im Emdener Hafen wurden 1981 einem privaten Unternehmen übertragen. Mehr als ein Dutzend Unternehmen hatten sich an der EG-weiten Ausschreibung beteiligt. Das Ausschreibungs- und Vergabeverfahren lag in der Hand der Wasser- und Schiffahrtsverwaltung des Bundes. Die Niedersächsische Landesregierung geht davon aus, daß es mittelfristig im Rahmen der Naßbaggerei zu Kostensenkungen in einer Größenordnung von 10 Millionen DM pro Jahr kommt.

— Im Bereich der amtlichen Materialprüfung beabsichtigt die niedersächsische Landesregierung in Kürze, die amtlichen Anstalten privater Konkurrenz auszusetzen (sogenanntes Konkurrenzmodell). Die Untersuchungen waren im Sommer 1982 so weit abgeschlossen, daß – nach Abstimmung zwischen den einzelnen Ressorts – geeignete private Firmen zugelassen werden können. Die Landesregierung erwartet von dieser Maßnahme Impulse für eine Steigerung der Effizienz staatlicher Stellen, eine Verbesserung des Prüfangebots in der Fläche und die Erweiterung des Angebots auf in Niedersachsen bisher nicht vertretene Prüffelder.

Trotz aller Erfolge, die von Privatisierungsmaßnahmen ausgehen, dürfen ihre Grenzen nicht übersehen werden. Als Grenze werden – im Gegensatz zur privatisierungsfähigen Leistungsverwaltung – immer wieder die Bereiche der staatlichen Eingriffsverwaltung genannt. Der Deutsche Städtetag argumentiert folgendermaßen: „Aufgaben der Polizei, der Ordnungsbehörden, der Bauaufsicht, der Veterinäraufsicht, der Gesundheitsaufsicht sind deswegen nicht privatisierungsfähig, weil die hier notwendigen Eingriffe gegenüber Einzelpersonen oder die Zugriffe auf das Eigentum Privater nach rechtsstaatlichen Grundsätzen ... allgemein einer gesetzlichen Ermächtigung bedürfen. Solche Eingriffe Privaten zu überlassen vereinbart sich nicht mit dem Selbstverständnis des demokratischen Rechtsstaates."

Obwohl es auch hier Schritte in Richtung Privatisierung gibt, z. B. im Zusammenhang mit dem Technischen Überwachungsverein (TÜV) oder bei der Einziehung der Lohnsteuer durch Unternehmen werden die Privatisierungsmöglichkeiten im Bereich der Eingriffsverwaltung sicherlich eng begrenzt bleiben. Wie sich die Privatisierungslandschaft künftig gestalten wird, läßt sich heute noch nicht absehen. Erst wenn die Entstaatlichung insgesamt konkretere Formen angenommen hat, ließe sich wohl eine gezielte Aussage machen.

Wenn auch Übereifer und Hektik bei den Privatisierungsbemühungen vermieden werden müssen, sind dennoch alle Möglichkeiten zielstrebig auszuschöpfen, insbesondere

— um den Staat und damit die Bürger finanziell zu entlasten,
— um dem Staat wieder mehr Spielraum für notwendige öffentliche Investitionen zu schaffen,

— um die Wettbewerbsfähigkeit der deutschen Unternehmen zu erhöhen,
— um Werten wie individuelle Freiheit, Eigeninitiative und Eigenverantwortung mehr Gewicht zu verleihen und
— um das Vertrauen in unsere demokratische Ordnung wiederherzustellen.

Für diese Ziele lohnt es sich, die Privatisierungsanstrengungen zu verstärken.

II. WICHTIGE WEICHENSTELLUNGEN

Durch mehr Eigeninitiative, mehr Eigenverantwortung, Entbürokratisierung und Privatisierung werden Impulse ausgelöst und Kräfte freigesetzt, die richtung- und zukunftweisend für den wirtschaftlichen Fortschritt sowie für das gesellschaftliche Zusammenleben und Zusammenstehen wären. Aber die Änderung der bisherigen grundsätzlichen Marschrichtung reicht nicht aus. Unternehmer und Arbeitnehmer sind auf zusätzliche Weichenstellungen, auf verschiedene konkrete problembezogene Hilfestellungen des Staates angewiesen, damit sie sich frei und verantwortungsbewußt entfalten können.

Erster Ansatzpunkt: Die Anfälligkeit der Unternehmen gegenüber dem Strukturwandel und den konjunkturellen Belastungen ist in den letzten Jahren gestiegen. Für die Schwächung der Widerstandskräfte ist nicht zuletzt die geschmälerte Eigenkapitalbasis verantwortlich. Hier gilt es, wirtschaftspolitisch den Hebel anzusetzen.

Zweiter Ansatzpunkt: Obwohl in den 70er Jahren für die Arbeitnehmer die Entwicklung am und um den Arbeitsplatz durchweg positiv verlaufen ist – die Löhne und Gehälter wurden Jahr für Jahr angemessen erhöht, in allen Wirtschaftsbereichen ist die 40-Stunden-Woche durchgesetzt, und auch die Arbeitsbedingungen sind vielfach spürbar verbessert worden –, hat die Freude an der Arbeit und die Bereitschaft, sich in seinem Beruf zu engagieren, nachgelassen. Es gibt im politischen Raum konkrete Möglichkeiten, um diesen Tendenzen auch im Interesse der Arbeitnehmer entgegenzuwirken. Insbesondere bietet sich an, die Arbeitsplatz- und Arbeitszeitsouveränität der abhängig Beschäftigten zu stärken (vgl. S. 190 ff.)

1. Eigenkapitalbildung

Die Eigenkapitalausstattung hat sich in letzter Zeit als Achillesferse der deutschen Wirtschaft erwiesen. Seitdem die Zinsen in der Bundesrepublik zu einem neuen Höhenflug ansetzten und damit die Fremdkapitalkosten für die Unternehmen zum Teil existenzbedrohende Züge annahmen, wurde auch vielen Nichtunternehmern klar, wie schmal die Eigenkapitalbasis der deutschen Unternehmen geworden ist. Insbesondere jüngere, erst wenige Jahre alte Betriebe konnten neben den strukturellen und konjunkturellen Belastungen die zusätzlichen Fremdkapitalkosten nicht mehr tragen. Die Zahl der Konkurse im Unternehmensbereich erreichte 1981 auch wegen der Kapitalstruktur – hoher Fremdkapitalanteil und geringer Eigenkapitalanteil – einen neuen Nachkriegsrekord.

Daß die Eigenkapitalausstattung immer weniger den wirtschaftlichen Anforderungen entsprach, ist seit längerem zu erkennen gewesen. Während das unternehmerische Risiko ständig wuchs, schrumpfte das Risikokapital deutscher Unternehmen beträchtlich. Lag in der zweiten Hälfte der 60er Jahre die Eigenkapitalquote (Anteil der Eigenmittel an der Bilanzsumme) noch bei 30 Prozent – Höchststand 1967 mit 31,4 Prozent –, so betrug sie 1980 nur noch 21 Prozent. Eine beachtliche „Eigenkapitallücke" hat sich aufgetan. Würde auch heute die Quote noch bei 30 Prozent liegen, so wären die gesamten Eigenmittel um rd. 150 Mrd. DM höher.

Der Mangel an Eigenkapital und damit an Risikokapital hatte zur Folge, daß in den 70er Jahren die unternehmerische Investitionstätigkeit gedämpft wurde – insbesondere die notwendigen Risikoinvestitionen unterblieben. So veraltete der Maschinenpark der Unternehmen, er „vergreiste" allmählich. Während das Durchschnittsalter der betrieblichen Anlagen in den 60er Jahren etwa sieben Jahre betrug, liegt es heute fast wieder auf dem gleichen Niveau wie kurz nach dem Zweiten Weltkrieg. Damals lag es bei ca. zehn Jahren. Nur noch ein Viertel der Anlagen ist jünger als fünf Jahre; in den 60er Jahren war immerhin noch rund die Hälfte höchstens fünf Jahre alt. Die Tendenz darf in den 80er Jahren auf keinen Fall anhalten. Sie muß umgekehrt werden, wenn die deutsche Wirtschaft wettbewerbsfähig bleiben will.

Die Bundesrepublik als rohstoff- und energiearmes Hochlohnland – also als Produktionsstätte mit hohen Rohstoff-, Energie- und Lohnkosten – ist gezwungen, besonders hochwertige Güter und Dienstleistungen anzubieten. Diese setzen außerordentlich hohe Investitionen voraus. Um gegen die internationale Konkurrenz bestehen zu können, bedarf es verstärkter innovativ-investiver Bemühungen. Ein anhaltender Mangel an Risikokapital wäre für die notwendigen Investitionen der 80er Jahre ein eindeutiger Bremsfaktor.

Die schmale Eigenkapitalbasis der deutschen Unternehmen ist keineswegs Ausdruck eines allgemeinen Kapitalmangels in der Bundesrepublik. Kapital ist vorhanden, es ist nur nicht in die richtigen Bahnen gelenkt worden. Die Entwicklung der Struktur des Kapitalmarktes in den 70er Jahren belegt diesen Sachverhalt:

— Während von 1970 bis 1980 der Umlauf festverzinslicher Wertpapiere auf das Dreieinhalbfache stieg, haben sich die Aktienumsätze lediglich verdoppelt. Bei den festverzinslichen Wertpapieren erhöhten sich vor allem die Kommunalobligationen und die Anleihen der öffentlichen Hand. Ihr Anteil nahm von knapp 53 auf 61 Prozent zu. Der Anteil der Industrieobligationen sank dagegen von 5 auf unter 1 Prozent.
— Die Aktie scheint bei den privaten Haushalten auf immer weniger Interesse zu stoßen. Jedenfalls zeigt sich in der Struktur der Vermögensbildung der privaten Haus-

halte eine eindeutige Verschiebung zugunsten der festverzinslichen Wertpapiere. Während in den 60er Jahren noch mehr als 4 Prozent der Vermögensbildung in Aktien flossen, war es in den 70er Jahren (1970 bis 1978) nur noch 1 Prozent. Der Anteil festverzinslicher Wertpapiere stieg dagegen von 10 auf 14 Prozent. Nahezu unverändert ist der Anteil der Spareinlagen mit 47 und der Versicherungen mit 17 Prozent geblieben. Der Rest der Vermögensbildung verteilte sich fast gleichmäßig auf Bargeld und Sichteinlagen (8 Prozent), Bausparen (7 Prozent) sowie betriebliche Pensionsfonds (6 Prozent).

Ursächlich für diese Entwicklung sind folgende Faktoren:

— Ein wesentliches Hemmnis für eine größere Verbreitung der Aktie ist die vergleichsweise dürftige Rendite des Eigenkapitals. Im internationalen Vergleich ist in der Bundesrepublik die steuerliche Belastung der Selbstfinanzierung sehr hoch - auch nach der Körperschaftsteuerreform. Hinzu kommen hohe Emissionskosten und der schwierige Zugang zur Börse.
— Die stark gestiegene Kapitalnachfrage des Staates hat immer wieder „zinstreibende“ Effekte gehabt, so wurden insbesondere die Renditen festverzinslicher Wertpapiere nach oben gedrückt.
— Die staatlichen Vergünstigungen im Rahmen der Vermögensbildung in Arbeitnehmerhand haben das Produktivvermögen weitgehend ausgeklammert.

Die Konsequenz kann nur sein: Abbau dieser Hemmnisse, um das Eigenkapital zu stärken, um dadurch die Unternehmen mehr mit innovativ-investiv orientiertem Kapital auszustatten. Dieses Ziel sollte durch folgende Maßnahmen angestrebt werden:

— Die Steuerpolitik muß das Risikokapital entlasten. Sie darf Eigenkapital nicht wie bisher schlechter stellen. Vermögensteuer, Körperschaftsteuer, Gewerbesteuer,

Gesellschaftsteuer und Börsenumsatzsteuer sind als Gesamtbelastung zu sehen und entsprechend zu bewerten. Eine Entlastung würde sich vor allem für die Klein- und Mittelbetriebe auszahlen. Für mittelständische Unternehmen ist die Eigenkapitalbildung und damit die Selbstfinanzierung oft die einzige Möglichkeit, sich das notwendige Kapital zu beschaffen.

— Auch die Beschaffung des Eigenkapitals von außen, die Beteiligungsfinanzierung, ist mit höheren zusätzlichen Kosten verbunden als die Fremdfinanzierung. Mehr Wettbewerb zwischen den Banken bei der Emission junger Aktien und Verbesserung des Zugangs zum Kapitalmarkt wären Schritte in die richtige Richtung.
— In den 70er Jahren hat der Umfang der Kreditaufnahme der öffentlichen Hände kräftig zugenommen. Von 1975 bis 1981 nahmen sie Kredite (netto) in Höhe von 340 Mrd. DM auf. In dem vorangegangenen Zeitraum von 1968 bis 1974 betrug die Kreditaufnahne lediglich 83 Mrd. DM und von 1961 bis 1967 sogar weniger als 40 Mrd. DM. Die Politiker müssen bereit sein, die Konsolidierung der öffentlichen Haushalte konsequent durchzuhalten, damit die Zinsen für Fremdkapital deutlich sinken und sich so die Anlage in Eigenkapital im Vergleich zur Fremdkapitalanlage wieder lohnt.
— Die Politiker müssen bei der Vermögensbildung in Arbeitnehmerhand die Möglichkeiten zur Bildung von Produktivvermögen verbessern. Zusätzlich zu der bisherigen freiwilligen betrieblichen Gewinn- und Kapitalbeteiligung sollte ein zweites Standbein geschaffen werden: die staatlich geförderte Beteiligung der Arbeitnehmer am Produktivvermögen. Hierdurch ließe sich sicherlich auch die Eigenkapitalquote der deutschen Wirtschaft wieder merklich anheben.

Die niedersächsische Landesregierung hat Anfang 1982 die Initiative für einen Gesetzentwurf zur freiwilligen betrieblichen Gewinn- und Kapitalbeteiligung ergriffen. Er sieht vor, daß der Katalog der bisher als förderungswürdig angesehenen Anlagen um die Geschäftsanteile an der GmbH und der KG, um stille Beteiligungen und Genußscheine und Beteiligungen an konzernrechtlich verbundenen Unternehmen erweitert wird. Außerdem sollen steuerliche Einseitigkeiten und Hemmnisse beseitigt werden.

Durch eine solche Umgestaltung ließe sich auch die unterschiedliche Behandlung der Arbeitnehmer in größeren Aktiengesellschaften sowie in Klein- und Mittelbetrieben weitgehend beseitigen. (Die im Rahmen der Vermögensbildung in Arbeitnehmerhand immer wieder auftauchende Problematik von Fonds und Insolvenzsicherung wird im niedersächsischen Entwurf über eine marktwirtschaftliche Einbindung gelöst werden.)

Schließlich würde sich auch eine bessere Perspektive eröffnen, den nominallohnpolitisch geführten Verteilungskampf zu entschärfen. Kombinierte Nominallohn- und Investivlohnvereinbarungen der Tarifparteien wären unserer heutigen wirtschaftlichen und gesellschaftlichen Situation sicherlich angemessener als die bisherige Form reiner Nominallohnverhandlungen. Die Gewerkschaften scheinen diesen Sachverhalt nunmehr in ihre tarifpolitischen Überlegungen für die 80er Jahre einzubeziehen. Jedenfalls dachten Anfang 1982 u. a. die Deutsche Angestellten-Gewerkschaft (DAG) und die Gewerkschaft Textil-Bekleidung über eine Aufspaltung der Einkommenserhöhungen in einen konsumtiven und einen investiven Teil laut nach.

Mehr Eigeninitiative, mehr Eigenverantwortung sowie Maßnahmen zur Entbürokratisierung und Privatisierung bedürfen eines gesunden finanziellen Fundaments. *Die Unterkapitalisierung deutscher Unternehmen mit Eigenmitteln muß darum in den 80er Jahren überwunden werden*, wenn die Krisenanfälligkeit unserer Wirtschaft verringert und wenn den innovativ-investiven Herausforderungen erfolgreich begegnet werden soll.

2. Arbeitsplatz- und Arbeitszeitsouveränität

Zu jeder Zeit und in jeder Gesellschaft hat es Menschen gegeben, die die allgemeinen Wertvorstellungen von Leistung, Tüchtigkeit und Einstellung zur Arbeit abgelehnt haben. In den letzten Jahren scheint nun ein Ausmaß an Leistungsunwilligkeit erreicht zu sein, das das „normale" Maß deutlich übersteigt. Es mehren sich die Stimmen, die vor den Folgen der sinkenden Leistungsbereitschaft warnen.

Ihre Alarmmeldungen stoßen zwar auf große Resonanz, aber die große Mehrheit der Arbeitgeber, Gewerkschaften und Politiker steht diesen Warnungen ziemlich hilflos gegenüber. Ihre Hilflosigkeit, der Mangel an Therapievorschlägen, führt dazu, daß vordergründige Behauptungen und fadenscheinige Beschuldigungen die Oberhand gewinnen. Politische, wirtschaftliche und gesellschaftliche Kontrahenten verunglimpfen sich mangels überzeugender Argumente gegenseitig.

Wer einerseits das Unbehagen am Leistungsprinzip als „Faulheit" der Arbeitnehmer bezeichnet, der vergißt, daß selbst Führungskräfte der Wirtschaft immer wieder Einsatzwillen und Risikobereitschaft vermissen lassen. Es gibt immer mehr Führungskräfte, die Angst vor der Verantwortung haben, sie verzichten auf Beförderung, gehen nicht ins Ausland, weil das Risiken birgt. Wer andererseits aber den Hinweis, daß deutsche Arbeitnehmer wieder leistungsbewußter werden müßten, als Diffamierung abtut, der vergißt, daß der Mißbrauch des Krankmeldens durch die Arbeitnehmer offensichtlich ist. *Es hilft jedoch niemandem, wenn sich Arbeitgeber und Gewerkschaften in unfruchtbare Glaubenskriege verstricken.*

Die gesunkene Leistungsbereitschaft und die wahrscheinlich auch verringerte Leistungsfähigkeit lassen sich nicht mit einer einzigen Ursache erklären, z. B. mit der zu hohen Steuer- und Sozialabgabenbelastung für die einen und mit der staatlichen Garantie eines individuellen und sozialen Aufstiegs – von der Wiege bis zur Bahre – für die anderen. Diese Vereinfachung wird heute allzu leicht gemacht. Sie ist aber nicht richtig. Denn wir haben es – nicht nur in der Bundesrepublik – mit einem allgemeineren Wertewandel in bezug auf die Arbeit, mit einer tiefergehenden Sinnkrise zu tun. Deshalb muß umfassender, als normalerweise üblich ist, geprüft werden, welche Möglichkeiten sich anbieten, *um auch im Berufsleben zu mehr Selbstentfaltung und zu mehr Freude an der Arbeit zu kommen.*

Ein wichtiger Ansatzpunkt wäre, die individuellen Gestaltungschancen im Arbeitsleben beispielsweise bei der Arbeitszeit zu verbessern. Denn unsere erstarrten Arbeitszeitstrukturen behindern den wirtschaftlichen und sozialen Wandel. Es ist eine bedenkenswerte Frage, die der schwedische Arbeitsmarkttheoretiker Gunnar Adler-Karlsson vor einiger Zeit gestellt hat: „Sind acht Stunden Arbeit, fünf Tage pro Woche, 48 Wochen jährlich, 40 Jahre lang, ein natürliches Bedürfnis?“

Die soziale Marktwirtschaft wird nur überleben, wenn sie auch marktfähige *soziale* Werte – wie ausreichende Arbeitszeitsouveränität – anbietet. Insbesondere die Tarifparteien sind aufgerufen, von Leitbildern, die vielfach noch aus der Agrar- und frühen Industriegesellschaft stammen, endlich Abschied zu nehmen.

Es gibt viele – sowohl links- als auch rechtsstehende – Wissenschaftler, die mit großem Nachdruck dafür plädieren, den starren Gegensatz zwischen Arbeits- und Nichtarbeitszeit zugunsten einer freieren Zeit- und Lebensgestaltung des einzelnen abzulösen. *Die strenge Dreiteilung –*

Ausbildung, Erwerbstätigkeit, Ruhestand – ist aufzulokkern. Dies wäre ein sinnvoller Beitrag, um Leistung und Humanität stärker miteinander zu verzahnen.

Es ist ebenso inhuman wie wirtschaftlich unsinnig, Höchstleistung bis zur letzten Arbeitsstunde zu verlangen. So wird der Pensionsschock nur vorprogrammiert. Eine umfassende und sinnvolle Integration der Frauen ins Erwerbsleben kann nur gelingen, wenn die Flexibilität der individuellen Arbeitszeit deutlich erhöht wird. Auf die klassische Form der Beteiligung am Erwerbsleben, die starr geregelte Vollzeitarbeit, wird bei uns immer noch zuviel Wert gelegt. In Sachen flexibler Arbeitszeitgestaltung sind wir ein Entwicklungsland. Befürworter einer größeren individuellen Arbeitszeitsouveränität gleichen immer noch einsamen Rufern in der Wüste. In der Bundesrepublik sollten die Erkenntnisse von „Alternativdenkern" mehr berücksichtigt werden. Außerdem sollten traditionelle Ansätze der Arbeitszeitflexibilität weiter verfolgt werden.

— Die gleitende Arbeitszeit, die schon heute stark verbreitet ist, sollte weiter ausgestaltet und den Bedürfnissen sowohl von Arbeitgebern als auch von Arbeitnehmern besser angepaßt werden. Bereits hierdurch könnten manche Zeitzwänge spürbar abgebaut werden.
— Positive Erfahrungen, die man in anderen Ländern mit Bandbreitenmodellen in bezug auf Umfang und Verteilung der Vollarbeitszeit gemacht hat, sollten für die Bundesrepublik konsequent genutzt werden. Es könnten – bei entsprechender Bezahlung – alternative Wochenarbeitszeiten gewählt werden (vgl. z. B. Santa-Clara-Modell in den USA, bei dem die Mitarbeiter sowohl hinsichtlich des Umfangs als auch hinsichtlich der Verteilung der Wochenarbeitszeit einen gewissen Spielraum besitzen).
— Eine konstruktive Ausgestaltung und ein weiterer Ausbau der Teilzeitarbeit würden insbesondere die Einbe-

ziehung der Frauen in das Erwerbsleben sinnvoll verbessern.

— Kooperative Arbeitsformen, wie das Job-sharing, eröffnen ein großes Spektrum an flexibler Arbeitszeit – aber auch an Arbeitsplatzgestaltung. Hierdurch könnte die Gruppenarbeit, die Teamarbeit, neue Impulse erhalten. Soziale Erlebbarkeit des Arbeitslebens würde sicherlich viele Vorteile mit sich bringen.
— Eine sinnvolle Auflockerung der Wochenarbeitszeit ist durch Jahresarbeitszeitverträge möglich. Die bisherigen Erfahrungen lassen es auch in diesem Fall als durchaus machbar erscheinen, daß die Interessen von Arbeitgebern und Arbeitnehmern gebührend berücksichtigt werden können.
— Flexible Ansätze bei der Lebensarbeitszeit erlauben sowohl einen gleitenden Einstieg in das Berufsleben als auch einen gleitenden Ausstieg aus dem Erwerbsleben. Daneben könnte durch Urlaubssparen jeweils ein Langzeiturlaub angesammelt werden. Internationale Erfahrungen mit Langzeiturlaub (z. B. Sabbatjahre) zeigen, daß es eine erstaunliche Palette an Gestaltungsmöglichkeiten gibt.

Die Möglichkeiten der flexibleren Arbeitszeitgestaltung können kombiniert werden mit mehr Arbeitsplatzsouveränität für den einzelnen oder für die Arbeitsgruppe. Auf der Hannover-Messe im Frühjahr 1980 wurde von AEG-Telefunken eine Sonderschau „Humanisierung des Arbeitslebens – Qualität in Serie“ gezeigt. In Gruppenarbeit (fünf Personen) wurde ein Elektromotor montiert, geprüft und verpackt; außerdem führte die Gruppe alle zusätzlichen Tätigkeiten wie Materialbereitstellung und Arbeitseinteilung selbst durch. Der Arbeitsablauf konnte so gesteuert werden, daß sogar zwei Personen die Arbeiten durchführen könnten. Die betrieblichen Vorgaben waren nur von sehr globaler Natur, beispielsweise wurde die monatliche

Produktionsziffer festgelegt. So konnten die Arbeitszeiten, aber auch die Tätigkeiten selbst flexibel zwischen den Gruppenmitgliedern aufgeteilt werden. Dieses Gruppenarbeitssystem mit hoher individueller Arbeitszeit- und Arbeitsplatzsouveränität läßt beeindruckende Vorteile zu:

— kommunikationsfreundliche Anordnung der Arbeitsplätze,
— Minderung der Belastung und Monotonie,
— Höherqualifizierung (alle Mitarbeiter beherrschen alle Plätze),
— gute ergonometrische Arbeitsplatzgestaltung (z. B. Schaffung von Sitz-Steh-Arbeitsplätzen),
— grundsätzliche Verbesserung des Arbeitsklimas,
— Abbau von Fehlzeiten und
— erhöhte Transparenz und verbesserte Qualität der Arbeit.

Trotz vieler positiver Erfahrungen im Rahmen von Versuchen mit mehr individueller Zeitsouveränität und mit mehr Verfügungsgewalt am Arbeitsplatz gibt es auch weiterhin noch erhebliche Bedenken:

— Es wird eine Aushöhlung des gegenwärtigen arbeitszeitpolitischen Besitzstandes befürchtet. Die Durchsetzungsmöglichkeiten für weitere Verkürzungen der Wochenarbeitszeit werden als stark gemindert eingestuft.
— Es werden Gefahren in Richtung Entsolidarisierung gesehen.
— Es werden negative Auswirkungen auf die Rationalität und Effizienz der Produktionsbedingungen befürchtet.
— Schließlich wird beim Übergang vom passiven zum aktiven Zeitmanagement mit Durchsetzungs- und Einhaltungschwierigkeiten gerechnet.

Die Einwände widersprechen teilweise den gemachten Erfahrungen, teilweise beruhen sie wohl auf Mißverständnissen. So ist z. B. Solidarität keine Einbahnstraße, es gilt auch, die Bedürfnisse des einzelnen angemessen zu berücksichtigen. Die Ablehnung kann aber auch Ausdruck von Egoismus sein. Teilzeitarbeit oder Job-sharing werden beispielsweise vor allem für nicht so qualifizierte Tätigkeiten diskutiert und praktiziert. Das ist falsch! Denn bieten nicht auch Spitzenkräfte ein Zuviel an quantitativen Leistungen an, das zu einer Beeinträchtigung der qualitativen Leistungen führt? Hier scheint nicht zuletzt das Gefühl der eigenen Unersetzlichkeit angemessenen Lösungen im Wege zu stehen. Schließlich handelt es sich auch nur um ganz normale Reaktionen auf neue Ideen und nicht tradierte Ansätze zur Problemlösung. Dies alles können jedoch nicht triftige Gründe für eine Ablehnung von mehr Arbeitszeitflexibilität sein. Denn es geht darum, das Arbeitsleben humaner zu gestalten und stärker den modernen wirtschaftlichen und gesellschaftlichen Erfordernissen anzupassen.

Mehr Arbeitsplatz- und Arbeitszeitsouveränität ist sicherlich keine Allzweckwaffe gegen mangelnde Leistungs- und Risikobereitschaft sowie fehlenden Einsatzwillen. Aber dennoch kann durch mehr individuelle Gestaltungsfreiheit vieles für eine bessere Befriedigung der individuellen Bedürfnisse und Vorstellungen erreicht werden. Zudem bietet sich hier eine Chance für die soziale Evolution. Es scheint sich eine „Umverteilung" der Leistungsbereitschaft anzubahnen: Frauen werden „leistungsbereiter" für den Beruf, Männer, wenn auch langsamer, für die Familie. Durch mehr Arbeitsplatz- und Arbeitszeitsouveränität wird auf mittlere Sicht zentralen Werten menschlichen Lebens – wie Selbstentfaltung, Arbeitsfreude und soziale Erlebbarkeit – entscheidende Rückendeckung gegeben.

Fazit: Mehr individuelle Freiheit bei der Arbeitszeit- und Arbeitsplatzgestaltung ist zwar keine hinreichende, aber doch *eine notwendige Bedingung, um Werte wie Eigeninitiative, Eigenverantwortung und Leistungsbereitschaft angemessen in unser Wirtschafts- und Gesellschaftssystem einzubeziehen.*

3. Beispiel: Informationstechniken

Die Zielsetzungen mehr Eigeninitiative, mehr Eigenverantwortung, Entbürokratisierung, Privatisierung, bessere Eigenkapitalausstattung sowie mehr Arbeitsplatz- und Arbeitszeitsouveränität bedürfen der Konkretisierung und Bewährung im wirtschaftlichen und gesellschaftlichen Alltag. Bei der Umsetzung von politischen, wirtschaftlichen und gesellschaftlichen Ansprüchen in wirkliches Handeln werden wir beweisen müssen, ob wir tatsächlich genügend Kraft aufbringen, die Irrfahrt der Vergangenheit zu beenden. Was konkret von uns verlangt wird, soll am Beispiel der Informationstechniken, die für unsere Zukunft von enormer Bedeutung sind, aufgezeigt werden.

Die Bundesrepublik als Hochlohnland mit wenig Rohstoffen und Energie kann nicht *billiger* produzieren als die ausländische Konkurrenz. Darum bleibt den deutschen Unternehmen nur die Möglichkeit, *besser* zu sein als andere, und zwar in jenen Bereichen, wo wir wirklich konkurrenzfähig sind, d. h. an der vordersten Front des technischen Fortschritts. Das bedeutet für die Bundesrepublik in erster Linie maßgeschneiderte „intelligente" Investitions- und Verbrauchsgüter. Hier spielen Produkte aus dem Informationsbereich eine herausragende Rolle.

Nach amerikanischen Untersuchungen werden schon heute rund 50 Prozent der Arbeitsplätze durch den Umgang mit Informationen geprägt. In der Bundesrepublik sind es nach jüngsten Analysen immerhin fast 35 Prozent der Arbeitsplätze. Damit haben neben den klassischen Produktionsfaktoren Boden, Arbeit und Kapital sowie den neuen Werten Umwelt, Rohstoffe und Energie die Informationstechniken eine essentielle Bedeutung erlangt. Die neuen Informationstechniken werden in der deutschen Volkswirtschaft schon in naher Zukunft zweifellos eine Schlüsselstellung einnehmen. Bei allen Bedenken gegenüber Verallgemeinerungen läßt sich sagen: Die im Bereich „Informationswesen“ entstandenen und entstehenden Arbeitsplätze sind zukunftsträchtiger und damit sicherer als viele traditionelle Arbeitsplätze.

Die Bundesrepublik darf im Bereich des Nachrichtenwesens ihre Produktions- und Exportchancen und damit ihre Investitionschancen nicht leichtfertig aufs Spiel setzen. In Europa ist schon heute die nachrichtentechnische Industrie mit einem Anteil von ca. 30 Prozent der größte Sektor der Wachstumsbranche Elektronik. So gilt es für die deutsche Volkswirtschaft, im Rahmen der internationalen Arbeitsteilung hier ein Gegengewicht für die gestiegene Ölrechnung sowie für die strukturellen Defizite der Dienstleistungsbilanz und der Übertragungsbilanz zu bilden.

Daß es sich bei dem Bereich Informationswesen eindeutig um einen Markt mit Zukunft – also mit großen Investitionschancen – handelt, mag bei isolierter Betrachtung teilweise übersehen werden. Aber die nächsten Jahre werden zeigen: *Datenverarbeitung und Nachrichtentechnik werden zu einer umfassenden Informationstechnologie eng zusammenwachsen* (Telematik = Telekommunikation + Informatik).

Tiefschlaf und Verzögerungstaktiken werden deshalb auf einem solchen Markt zweifellos böse Folgen haben, das lehrt uns schon die Vergangenheit. So wurden 1980 in Westeuropa schätzungsweise für 2 1/4 Milliarden Dollar integrierte Schaltungen (IC) benutzt, aber nur für 700 Millionen Dollar produziert. Japan konnte seine Bilanz wenigstens noch weitgehend ausgleichen, während die USA auf diesem Markt „den Hecht im Karpfenteich“ spielten. Sollten die Bundesrepublik und andere westeuropäische Länder auch diesmal nicht rechtzeitig aus den Startlöchern kommen, dürften für diese Länder die wachstumshemmenden und damit auch die arbeitsplatzgefährdenden Effekte noch gravierender als in den bisher bekannten Beispielen ausfallen, da der Wachstumsspielraum vieler traditioneller Wirtschaftsbereiche eng begrenzt ist.

Das Verschmelzen von Datenverarbeitung und Nachrichtentechnik wird – zumindest in der Bundesrepublik – nicht geringe Probleme aufwerfen. Insbesondere, weil hier die mehr oder weniger *marktregulierte* Industrie und Technik der Datenverarbeitung mit der mehr oder minder *verwaltungsreglementierten* Industrie und Technik des Nachrichtenwesens aufeinandertreffen.

Es ist nicht zu leugnen, daß gegenwärtig im Bereich der neuen Telekommunikationstechniken zwar riesige Investitionschancen in der Bundesrepublik bestehen. Ihre Verwirklichung ist aber eine offene Frage. Angenommen, jeder Haushalt und jede Firma würde an ein modernes Nachrichtennetz angeschlossen, dann ergäben sich beispielsweise im Bereich der Verkabelung ein Auftragsvolumen von ca. 50 Mrd. DM und im Endgerätebereich ebenfalls noch einmal ein Auftragsschub von rd. 50 Mrd. DM. Für die in diesem Bereich zwar reichlich vorhandenen Investitionschancen, aber dennoch gebremste Realisierung gibt es in der Bundesrepublik vor allem zwei Gründe:

— Einmal die Ausnahmestellung des staatlichen Supermonopols Deutsche Bundespost
— und zum anderen unterschiedliche medienpolitische Konzeptionen.

Beides hat erhebliche Konsequenzen für die Innovations- und Investitionsdynamik sowie die Wettbewerbsfähigkeit des Nachrichtenwesens. Zunächst zur Deutschen Bundespost:

Die Deutsche Bundespost ist das größte Unternehmen in der Bundesrepublik. Das allein wäre schon ein wichtiger Grund, Geschäftsgebaren sowie Geschäftslage und Geschäftsentwicklung der Post genau zu beobachten. Hinzu kommt, daß die Aufgabenpalette der Post wichtige Bereiche unserer Gesellschaft umfaßt. Tag für Tag sammeln die

Bürger in diesem Lande ihre Erfahrungen mit der Post, seien es gute oder schlechte. Sei es bei Brief-, Telefon-, Fernschreibverkehr oder bei der Übermittlung der Hörfunk- und Fernsehprogramme, also auf wichtigen Gebieten des Informationswesens. In diesen Bereichen darf die Post im Prinzip alles selbst herstellen oder vertreiben, wenn sie es für richtig hält. Insbesondere kann sie aufgrund ihres Zulassungsrechts den Zutritt zum Markt steuern und damit unter Umständen einen funktionsfähigen Wettbewerb verhindern. Darüber hinaus darf die Post fast nach eigenem Belieben für ihre Leistungen Gebühren festsetzen.

Entscheidend für dies alles ist das Fernmeldeanlagengesetz aus dem Jahre 1928; maßgebliche Regelungen stammen sogar aus dem Jahr 1892. Niemand konnte vor mehr als einem halben Jahrhundert auch nur ahnen, wie die Entwicklung bis in unsere Zeit verlaufen würde. Die modernen Telekommunikationstechniken brauchen eine zukunftbezogene, das Risiko nicht scheuende Unternehmermentalität. Und sollte es einmal zu Fehlentscheidungen kommen, bedarf es einer raschen Korrektur. Besitzbewahrungs- und Besitzverwaltungsdenken sind hier völlig fehl am Platze. Erforderlich ist eine Markt- und Wettbewerbsstruktur, die nicht die Antriebs-, Steuerungs-, Verteilungsfunktionen des Marktes behindert sowie die notwendigen Freiheitsräume der Marktteilnehmer ausreichend berücksichtigt.

In der Welt des traditionellen Fernsprechverkehrs konnte das Endgerät – ein Telefon – zufriedenstellend durch die Fernmeldeverwaltung bereitgestellt werden. In der neuen Welt, in unserer jetzigen Welt, in der Hunderte von Endgeräten möglich sind, kann das ganze Spektrum des Marktes nur dann zum Wohl der Teilnehmer genutzt werden, wenn nicht nur Post- und Ministerialverwaltungen, sondern auch die große Zahl von Unternehmen mit ihrer Vielschichtigkeit und ihrem großen Innovationspotential in die

Lage versetzt werden, den Kunden bedarfsspezifische Endgeräte anzubieten.

Das Fernmeldemonopol der Post muß zweifellos begrenzt werden. Es geht dabei indes nicht darum, die Bundespost zu privatisieren oder zu zerschlagen. Irgendwie muß allerdings erreicht werden, daß neue Techniken schneller und flexibler als bisher in die Telekommunikation ihren Eingang finden. Die wichtigste Forderung lautet: Die Rahmenbedingungen auf den Telekommunikationsmärkten sind so zu gestalten, daß Innovations- und Investitionsentscheidungen nicht durch hoheitliche Eingriffe, die weder fernmeldetechnisch noch wirtschaftlich begründbar sind, eingeengt werden. Liberalisierung der Fernmeldeendgerätemärkte, insbesondere auch der Nachrichtenmärkte, bedeutet: Die Zulassungsbedingungen der Post sind auf das fernmeldetechnisch gebotene Maß zu beschränken. Der Rechtsanspruch für Antragsteller, die Endgeräte vertreiben wollen, ist im Fernmeldeanlagengesetz festzulegen. Möglichst viele Märkte sind für den Wettbewerb zu öffnen.

Die Fernmeldeinfrastruktur, d. h. das Errichten und Betreiben von Fernmeldenetzen, ist auf die neueren technischen Entwicklungen auszurichten. Dabei hat die Post genügend Netzkapazitäten auch für die Erprobung und Entwicklung neuer Geräte zu schaffen, damit Störungen im Nachrichtenverkehr durch Überlastung der Netze weitgehend ausgeschaltet werden. Auch sollten verstärkt Forschungs- und Entwicklungsinvestitionen im Bereich der Breitbandtechnologien vorgenommen werden. Hierzu gehört z. B. die Umstellung der analogen auf die digitale Nachrichtenübertragung und die Entwicklung von Lichtwellenleiterkabeln, die im Gegensatz zur Koaxialkabeltechnik u. a. weniger rohstoffintensiv sind.

Der beschleunigten Fortentwicklung einer angemessenen Nachrichteninfrastruktur wird auch deshalb besondere

Bedeutung beigemessen, weil hierdurch positive Effekte auf die Exportfähigkeit der Kommunikationswirtschaft ausgehen. Begrenzung des Fernmeldemonopols der Deutschen Bundespost ist letztlich ein entscheidender Beitrag, um sich Märkte der Zukunft zu sichern. Selbstverständlich muß nicht alles, was technisch möglich ist, auch verwirklicht werden. Aber „Verkabelungsstopp" und Hinhaltetaktik hinsichtlich der neuen Medien sind weder technisch, wirtschaftlich noch medienpolitisch vertretbar. Es ist nicht auszuschließen, daß die größten Hemmnisse für die Nachrichtentechnik aus dem medienpolitischen Bereich erwachsen. Der gegenwärtige Rundfunkbegriff bindet jeden telekommunikativen Fortschritt an die stark parteipolitisch kontrollierte Struktur der Rundfunkanstalten. Damit könnten zahlreiche Investitionschancen im Nachrichtenwesen durch medienpolitische Aktivitäten zunichte gemacht werden.

Je weiter neue elektronische Techniken in den Medienbereich vordringen, desto wichtiger wird es sein, die Meinungsvielfalt in der Informationslandschaft nicht zu beeinträchtigen. Diese Überlegungen sollten beispielsweise bei dem zu erwartenden teilweisen Zurückdrängen traditioneller Pressepublikationen durch Bildschirmtextinformationen berücksichtigt werden. Skepsis sollte angemeldet werden, wenn von technisch vorgegebenen Zwängen gesprochen wird, die eine Zentralisierung, Vereinheitlichung und Uniformierung des Medienspektrums zur Folge hätten. Dabei sollte beachtet werden, daß Kabel- und Satellitenfernsehen keine Gegensätze sind, sondern sich ergänzen. Es handelt sich weniger um substitutive, sondern mehr um komplementäre Bereiche.

Sicherlich kann man in der Medienpolitik unterschiedlicher Meinung sein. Aber eines darf nicht geschehen: Grundlage medienpolitischer Entscheidungen darf nicht eine konsumenten- und arbeitnehmerfeindliche Haltung sein. Wenn Äußerungen über Konsumentenfreiheit und Konsumentensouveränität keine leeren Worthülsen, keine Lippenbekenntnisse sein sollen, sondern auf einer festen Überzeugung basieren, dann muß auch in der Medienpolitik den Bürgern soviel Freiheit wie möglich gelassen werden. Die große Zahl der Bürger weiß schon, was für sie gut ist. Man kann nicht wegen einiger „unvernünftiger“ Mitbürger alle anderen gängeln.

Durch die neuen Informationstechniken entfallen zwar in einigen Bereichen Arbeitsplätze, aber durch die neuen Technologien werden auch neue Arbeitsplätze geschaffen oder bestehende gesichert. Gerade durch technische Neuerungen im Informationswesen werden in der Regel „höherwertige“ und damit zukunftsträchtige Arbeitsplätze geschaffen. Die zukünftigen Arbeitsplätze im Informationswesen können human sein und gleichzeitig einen hohen Grad an Arbeitsplatz- und Arbeitszeitsouveränität besitzen. Informationen können zum großen Teil in den eigenen vier Wänden empfangen und damit auch dort verarbeitet werden. Durch die neuen Informationstechniken könnte langfristig der Anteil der „Heimarbeit“ deutlich zunehmen. Hierdurch könnten z. B. Schwerbehinderte besser in das Erwerbsleben integriert werden.

Das Ausmaß der Chancen im Bereich der neuen Informationstechniken ist kaum zu übersehen. Wir müssen allerdings bereit sein, die Chancen auch wirklich zu nutzen. Unser „Öl“ ist die „technologische Frontlinie“. Dies gilt wegen der großen zukünftigen Bedeutung der Informationstechniken nicht zuletzt für das Nachrichtenwesen. Wir müssen die Chancen im Bereich der Informationstechniken nutzen, damit auch künftige Generationen wirtschaftlich bestehen können und gesellschaftlich gestaltungsfähig bleiben.

DER BLICK NACH VORN

Leben heißt kämpfen.
Seneca

Die kritische Analyse, das schonungslose Abrechnen mit den Fehlern der Vergangenheit darf weder zur Resignation führen noch den Boden für öffentlichkeitswirksame Patentrezepte bereiten.

Kritische Analyse heißt einmal: nicht der Illusion unterliegen, daß man in unserer Welt die Spannungen völlig aufheben kann. Das ist nicht möglich – es ist sogar nicht wünschenswert. Darum hilft es uns zwar, wenn die Signale auf freie Fahrt gestellt werden und die Weichen entsprechend gestellt sind. Aber richtige Grundsatzerkenntnisse und richtige Grundsatzentscheidungen reichen nicht aus. Denn keine Gesellschafts- und Wirtschaftsordnung lebt aus sich selbst. Auch die bestmögliche Ordnung muß gestaltet, sie muß tagtäglich mit Leben erfüllt werden. Sie bedarf der bewußten und freiwilligen Mitwirkung aller Menschen. Wenn das gelingt, haben wir eine reelle Chance, die nicht geringen wirtschaftlichen und gesellschaftlichen Probleme unserer Tage erfolgreich zu meistern.

Kritische Analyse heißt zum anderen: Nicht in einen übertriebenen Pessimismus verfallen. Überzogene pessimistische Vorstellungen, extreme Schwarzmalerei und Resignation können sich unter Umständen als wirtschaftliche und gesellschaftliche Vollbremsung erweisen. Zumindest sind sie kein guter Nährboden, um die schwierigen Zukunftsaufgaben zielstrebig und ausdauernd anzupacken.

Es kommt auf die richtige Mischung an: Aus den Fehlern der Vergangenheit lernen, auf die eigenen Stärken vertrauen muß die Devise für die 80er Jahre sein. Das heißt nicht, die schwierigen Aufgaben der nächsten Jahre auf die leichte Schulter nehmen. Zu Recht weist der britische Historiker Michael Grant – in seinem Buch „Der Untergang des Römischen Reiches“ – darauf hin, daß das Römische Reich nicht zuletzt an den Problemen der Finanzierung der Staatshaushalte, dem ständigen Anziehen der Steuerschraube, den politisch nicht reversiblen sozialen Maßnahmen, der nicht mehr einzuschränkenden Macht seiner Beamten, dem stetig steigenden Bürokratismus mit seinen zahlreichen Gesetzen und Erlassen sowie dem daraus resultierenden Verlust an persönlicher Freiheit und der folgenschweren Staatsverdrossenheit, der wachsenden Zahl von gesellschaftlichen Außenseitern und der allgemeinen Leistungsschwäche zugrunde gegangen ist. Die Römer erkannten die Gefahren frühzeitig, versäumten es aber, aus den eingefahrenen Gleisen auszuscheren und von überholten Denkstrukturen Abschied zu nehmen.

Fürwahr, das sind erstaunliche Parallelen zu unserer Zeit! Michael Grant räumt aber auch ein, damals bestand genügend Handlungsspielraum, um die Krise zu überwinden – diesen Handlungsspielraum gilt es heute zu nutzen. Wir besitzen im Bereich der Wirtschafts- und Gesellschaftspolitik gute Chancen für eine „Wende zum Besseren“, wenn wir die überholten Denkmodelle, die altbekannten, aber veralteten und nicht mehr funktionierenden Patentrezepte der vergangenen Jahre über Bord werfen. Das wird nicht einfach sein. Es ist aber unsere einzige Chance.

Der Blick nach vorn muß auf das neue Verhältnis zwischen Wissenschaft, Technik und Politik, auf wirtschaftlichen Wandel, auf Änderungen der sozialen Strukturen oder auf Verschiebungen zwischen den Berufen gerichtet sein. Die technische Seite des Wissens wird bedeutender, die Techniker werden einflußreicher. Offen ist, ob sie sich mit den Politikern verbinden oder mit ihnen rivalisieren werden. Einige Elemente der nachindustriellen Gesellschaft zeichnen sich schon heute ab. Unsere Aufgabe besteht darin, auf diesen Gebieten die richtigen Weichenstellungen vorzunehmen und uns nicht einfach treiben zu lassen. In Bereichen, wo wir noch wenig von den neuen Strukturen wissen, dürfen wir uns Neuerungen auf keinen Fall verschließen – auch wenn sie Opfer verlangen.

Die Bundesrepublik Deutschland und andere europäische Länder, die ähnliche Schwierigkeiten wie wir haben, sollten sich wieder die Worte zu eigen machen, die der spanische Diplomat und Schriftsteller Salvador de Madariaga vor gar nicht langer Zeit einmal sagte: „Europa ist ein Land, mit solch einem Reichtum des Geistes beschenkt, daß es unversehrbar und immer vorwärtsdrängend erscheint, so als wollte es sein eigenes Schicksal überholen." Es gilt, den Blick nach vorn zu richten und eine politisch, wirtschaftlich und gesellschaftlich akzeptable Gesamtstrategie aufzuzeigen und durchzusetzen.

Ein solcher Ansatz wurde in den vorangegangenen Kapiteln diskutiert. Es sollte gezeigt werden, daß nur durch *gemeinsame* Anstrengungen aller in diesem Lande die großen Probleme der 80er Jahre gelöst werden können. Es sollte gezeigt werden, daß diese gemeinsamen Anstrengungen auf Dauer nur zustande kommen, wenn der Staat die Eigeninitiative, Eigenverantwortung und Eigenhilfe nicht untergräbt, ja nicht einmal behindert. Die Richtigkeit der aufgezeigten Perspektive entläßt die Politiker aber nicht aus der Verantwortung, die sicherlich nicht geringen Übergangskonflikte in ihre Überlegungen einzubeziehen. Erworbene Rechte und Besitzstände kann man nicht von heute auf morgen vom Tisch wischen. Das bedeutet aber, ihre Berücksichtigung zehrt anfangs viel von dem auf, was als Manövriermasse für eine Änderung der bestehenden Verhältnisse zur Verfügung steht.

Spürbare Erfolge werden sich also nicht über Nacht einstellen. Neben politischen, wirtschaftlichen und gesellschaftlichen Zielvorstellungen brauchen wir deshalb auch die moralische Kraft, eine Psychologie des Aufbruchs, so daß nicht gleich bei den ersten Schwierigkeiten „die Flinte ins Korn geworfen“ wird. Wir brauchen auf lange Sicht eine optimistische Einstellung, die gleichwohl weiß, daß leben kämpfen ist, und die sich danach richtet.

Überoptimismus bei der Lösung von Zukunftsaufgaben sorgt zwar zunächst für Zustimmung, schafft aber auf längere Sicht nahezu unlösbare Probleme. Optimismus muß mit einem gesunden Realismus einhergehen. Nur so kann die politische, wirtschaftliche, gesellschaftliche und moralische Gesundbeterei alter Art verhindert werden. Diese hilft überhaupt nicht weiter, sie ist sogar schädlich. Denn ein Frustrations- und Lähmungsschock trifft fast zwangsläufig einen Teil der Bürger und reißt die alten Wunden wieder auf. Der Inder Kothari hat schon in den 60er Jahren den abendländischen Völkern entgegengehalten: „Ihr habt den Wahnsinn erfunden, man könne das Leiden abschaffen. Ihr merkt jetzt, daß das nicht geht; dadurch bekommt ihr einen fürchterlichen Schock. Wir haben immer gewußt, daß das nicht so ist; das ist kein Schock für uns.“

Zweifellos brauchen wir für eine „Erneuerung“ die Hoffnung auf Lösbarkeit unserer Schwierigkeiten. Aber diese Hoffnung bedarf der Einbindung in die Realität. Der Blick nach vorn darf vor den Wirrnissen und Gefahren, die Tag für Tag die Fahrt in die Zukunft zum Stocken bringen können, nicht haltmachen. In der Politik dürfen keine Prinzipien feierlich verkündet werden, die nicht konsequent anzuwenden sind oder angewendet werden können. Der Vorwurf der Selbsttäuschung und der Heuchelei würde völlig zu Recht bald erhoben werden und den gesamten Erneuerungsprozeß gefährden.

Unreflektiertes Fabulieren der Politiker begünstigt negative Einstellungen beim Bürger, die uns alle bekannt sein sollten und die wir an sich ablegen wollen. Vorstellungen wie „jeder für sich allein, der Staat für uns alle“ sind weit mehr das Ergebnis politischer Vernebelungsaktionen als Ausdruck egoistischer Verhaltensweisen der Bürger.

Die Bürger müssen bei der Problemlösung konsequent und umfassend einbezogen werden. Die Politiker können nicht aus „Raumstationen" ohne „Sichtkontakte" mit den Bürgern Vorschläge über die Gestaltung unserer Zukunft machen. Sonst sind die Bürger nicht bereit, Bequemlichkeiten aufzugeben oder Anstrengungen auf sich zu nehmen. Dies führt zu einer Verhärtung der Fronten in einer Gesellschaft. Der Bürger beobachtet dann wie unter einem Vergrößerungsglas die gesellschaftlichen Gegensätze. *Was wir in Zukunft brauchen, ist die Stärkung des gegenseitigen Vertrauens.* Nur ein Aufeinander-zu-Gehen kann die Menschen dazu bringen, Besitzstände aufzugeben, verhärtete Strukturen aufzubrechen und auf uns zukommende Übergangskonflikte durchzustehen. Ein solches Verhalten kennt verständlicherweise nicht die Pose des Siegers – eine insbesondere in der Politik übliche Gebärde. Ein solches Verhalten ruht in Werten wie Freiheit und soziale Verantwortung und ermöglicht ein humaneres Miteinander. Neben einer politischen, wirtschaftlichen und gesellschaftlichen Neuorientierung brauchen wir deshalb die Kraft zu moralischen Aktionen.

Die Bürger müssen stärker nach den Werten fragen, die hinter unseren politischen, wirtschaftlichen und gesellschaftlichen Verhaltensweisen und Aktionen stehen. Sie müssen sich entscheiden, mit welchen Wertvorstellungen sie in die nächsten Jahrzehnte gehen wollen. Dieses Entscheiden ist ein Suchen, ein Auf-dem-Weg-sein, das die Sinnerfahrung im alltäglichen Leben voraussetzt und Ideologie und Indoktrination vermeidet.

Keine gesellschaftliche Gruppierung darf sich so verhalten, als wenn sie im Besitz der Wahrheit wäre und diese Wahrheit verwaltete. Nur das dauernde „Konkurrieren" um die Wahrheit hilft uns, das Bewußtsein der Irrtumsmöglichkeit lebendig zu halten und uns so vor dem vielleicht größten Fehler des real existierenden Sozialismus zu bewahren, der glaubt, im Besitz einer schon vorweg bekannten Wahrheit zu sein. Diese Einstellung löst nicht die vor uns liegenden Probleme, sondern verschärft sie vielmehr.

Zu seinem „Glück“ soll und kann keiner gezwungen werden. Eigeninitiative, Eigenverantwortung, Entbürokratisierung, Privatisierung, Arbeitsplatz- und Arbeitszeitsouveränität sind „Fäden“, die die Politiker den Bürgern in die Hand geben sollten. An diesen Fäden hängt die Zukunftsorientierung und Zukunftsbewältigung. Jeder muß sie auf seine Weise zusammenknoten. Wenn dabei sowohl der „individuellen Freiheit“ als auch der „sozialen Verantwortung“ genügend Raum eingeräumt wird, bestehen gute Chancen, einen breiten tragfähigen Konsens zu erreichen. Eine günstige Ausgangsbasis, so daß bei den wesentlichen Problemen der nächsten Jahrzehnte berechtigte Hoffnung auf Lösbarkeit besteht.